圖書在版編目（CIP）數據

元刊五服圖解 /（元）龔端禮撰. — 北京 ：中國書店，2021.5

（宋元秘本叢書）

ISBN 978-7-5149-2751-1

Ⅰ. ①元… Ⅱ. ①龔… Ⅲ. ①葬禮－服飾－中國－元代 Ⅳ. ①K892.23

中國版本圖書館CIP數據核字(2021)第022276號

元刊五服圖解

[元] 龔端禮　撰

責任編輯：劉深

出版發行：中國書店
地　　址：北京市西城區琉璃廠東街115號
郵　　編：100050
印　　刷：藝堂印刷（天津）有限公司
開　　本：787毫米×1092毫米　1/16
版　　次：2021年5月第1版　2021年5月第1次印刷
印　　張：6.75
書　　號：ISBN 978-7-5149-2751-1
定　　價：55.00元

内容提要

《五服圖解》，元龔端禮撰，元泰定元年（一三二四）杭州路儒學刻本。每半頁十四行，行二十五字，白口，左右雙邊。一册，有插圖，書中有殘頁。

龔端禮（生卒年不詳），據《四庫全書總目·四庫未收書目提要》記，端禮，字仁夫，嘉興（今浙江嘉興）人。端禮之祖名頤正，字養正，據《建炎以來朝野雜記》云，龔頤正原名龔敦頤，少年不第，曾爲洪邁門客，後因宋光宗趙惇受禪，爲避其諱而改名『頤正』。曾擢兼資堂小學教授，遷樞密院編修官。嘉泰元年（一二〇一）秋，賜進士出身，兼實録檢討官。龔頤正曾著《服圖》，即《五服圖》，故端禮此服圖之學承自其祖。此事見録于《五服圖解》中江南浙西道肅政廉訪司所作《進服書文》，云端禮之《服圖》非自著，而是承自先祖龔頤正家傳《服圖》。龔端禮一直

成長于『家箕裘紹業，詩學傳家』的環境之中，時人稱其『識見老成，鄉黨稱善』。然龔端禮布衣終身，坎壈一生。《讀書敏求記》中記，端禮于元至順年間以布衣上書皇帝，誠有心當世之士而沉淪不遇，殊爲可惜。據《文淵閣書目》記，龔端禮另著有《五服書》一部一册，惜不傳。

龔端禮著《五服圖解》的初衷并非爲了顯姓揚名，正如他在自序中所云：『非惟便于人觀，于指以從宜從俗而未究其源者，亦可以少補于萬一。』主要是爲了讓世人了解五服，以正風俗。他以祖先流傳下來的服圖爲基礎，求諸禮圖書六十五家，體古遵今，編類成集，不修文采，『惟載孝義喪禮淳樸之辭，頗欲正人心爾』。其書成之後，反響頗佳，時人稱其『有裨世教，厚風俗』。

關于龔端禮著《五服圖解》之事見録于明清諸多史書，如明代焦竑所著《國史·經籍志·禮類》、清代傅維鱗所著《明書·經籍志》、萬斯同所著《明史·藝文志》、嵇璜著《續通志》、錢大昕《元史·藝文志》、魏源《元史新編·禮類》、曾廉著《元書·藝文志》等。另見阮元《揅經室集》中有《五

服圖解一卷》提要一篇。

五服，既指父系家族的親屬範圍，也指古代的喪服制度，即以親疏爲標準，遠近不同的親戚要穿戴不同的喪服，主要有斬衰、齊衰、大功、小功、緦麻五種。其中最重的是斬衰，最輕的是緦麻。龔端禮所著的《五服圖解》以圖解的形式，直觀、詳細地解釋了五服之内的親屬關係，以及相應的喪服制度。書中主要内容有《服例》《五服標目》和《五服八圖》等十一幅圖及《五服義解》，共計一百九十二章，包括通制相同、通制不載、斬衰、齊衰、仗期、不仗期、五月正服、三月正服、大功、小功、緦麻、正服、降服、義服。

元代官方刻書需要逐級申報、審批，最終中書省獲准後才能刊行。根據作者自序及其他序言判斷，龔氏于元至治二年（一三二二）自行刊刻《五服圖解》，係此書首次刊印。後作者重新修訂此書，于泰定元年（一三二四）呈報中書省，直到至順年間，經過層層審批，此書才得以正式

刊行，故有學者指出此本并非泰定元年（一三二四）刻本，然此本爲元刻本無疑。元代以後，是書見録于《絳雲樓書目》《千頃堂書目》《述古堂書目》《四庫全書總目·四庫未收書目提要》《藏園群書經眼録》等書目，然上述書目中記載龔氏《五服圖解》之信息，頗有謬處。是書卷首封面題寫『述古堂藏書，士禮居重裝』，知是書由錢謙益處散出，至錢曾述古堂，後歸黄丕烈，經士禮居重新裝裱，後從黄丕烈處流散至汪士鐘藝芸書社，流傳有緒。

是書前有元至治壬戌（一三二二）龔端禮自序、葉知本序、龔端禮所著《上萬言書》《進服書文》《札付嘉興路總管府准此五服圖》。書末有黄丕烈跋語一則，云：『龔端禮《五服圖解》一卷，見諸《讀書敏求記》。其《述古堂書目》以爲元板，此册即遵王舊藏也。因墨敝紙渝，損而重裝，復以襯紙副其四圍，不能睹舊時面目矣。裝成并記。嘉慶丁卯除夕前四日，復翁。』書中鈐有『士禮居藏』『汪士鐘印』『閬源真賞』『正暗經眼』等印。據《中國古籍總目》，此元刊本《五服圖解》

僅存于中國國家圖書館。

中國國家圖書館　張偉麗

二〇一九年八月二十日

六

目録

述古堂藏書

士礼居重裝

龔端禮五服圖解 元刻 一卷

夫有國者莫不以刑法為治道齊
家者莫不以服紀別親疏是故禮
有五禮服有五服刑有五刑聖人
以禮制而定服紀以服紀而立刑
章然則服有加降刑分重輕必正
刑名先明服紀服紀正則刑罰正
服紀不正則刑罰不中矣此乃萬
世不易治國齊

戇小才不學之術。窺不足以動聽
言不足以警世。以俛仰天地之闊。如
白駒之過隙。昱自大德八年春欽奉
詔書內一款節該。三年之喪古今通制。
三年實二十七箇月今後除應當怯薛人員征戍
軍官外其餘官吏父母喪亡丁憂
終制方許叙仕。奪情起復不拘此
例。庶民父母及夫亡之喪。一遵古制。

欽此伏覩通例典賣田宅先儘有
服房親及親族相盜減等科罪或
以緦麻之長詈小功之尊皆須
以服制而定論致復讀先大父龔
宣教家傳五服圖本求採乃氏圖
書精勤參攷始知其服原于舜爾
于商周歷代相承初非出之闕文
爲其去古逾遠紛紜異同蓋以若

亡而實若虛也。謂如兄弟之妻。其已亦是平交。往復小功。諸圖變古。效作大功。似此差舛。何以齊刑。縱傳之者訛。未免失於推究也。又如苴枲二麻。雌雄子實。不克辨明。非古之文。不載此。亦工夫之不到也。而況服圖。以及族曾祖父姑。從祖祖父姑。族祖父姑。從祖父姑。族父姑。中及

從父兄弟。從祖兄弟。族兄弟之類。
似非。遂章細觧。俗雖卒省。余以
五服分五門。每門立男女已未成
人之科。分正加降義四等之服。分
章劃圖。窮理究義。推古詳今。纂
通於俗。遂一辨正。括放十年始編
成集。不敘私之于家。期共衆共。
故不辭衰老。細字夜書。厥始厥

終。皆出一筆。用傾羞囊之餘。以資鋟梓之費。非惟便於人觀。真於指以溫宜溫俗。而未究其源者。亦可以少補於萬一云。旹至治壬戌嘉平月既望樵李子龔高禮

仁夫敘

愚少年學於西蜀先季明先生嘗曰吾
儒之學有關於民彝世教者皆當講明
一日論喪禮曰喪服之制降殺五等聖
人之意淵矣哉人以仁為心仁莫大於
孝弟推其孝弟之心則宗姻內外尊卑
小大之別其恩義之輕重厚薄聖人皆
於五服見之非聖人彊為之也蓋因人心
天理不容已者而品節之以立教耳焉

有反哺之愛鴈有終身之孤鴃有相戀之
感禽蟲猶爾而况於人乎宋時監察御史
李定不服所生母喪東坡諸賢指爲不孝混
一沒江南俗薄儒倡有不服父母喪者近
年爲儒爲吏急於進取執唐律八母之
説皆以所生母爲無服豈知 文公家禮
明載齊衰條下匿而不用是禽犢之不如
也夫喪制有正有從有義有報稽疑從

厚皆出於人心之天不然雖衰絰在身亦不免
蚕績蟹匡之譏也自喪制不備家不知有悬
義重輕而彝倫斁民不知有孝弟禮節而
風俗壞官不知有綱常名教而刑法繁可
歎也已
先皇帝龍飛在天首命為目者得封贈其祖
諸父母在官者得居憂終喪蓋甚欲以孝
治天下也 御製嘗作爲之書中間一事乞班行

五服使民知孝義以厚風俗草茅書成而身
度鼎湖
龍去而莫攀廃葉閣閣終天抱恨忽有
隱君子下訪袖出巨編示愚曰此襲制五服
圖也家居十年蒐羅考證而成此集匯以
求名也將以正人心也華子叙之試使讀其
凡而聽之作而歎曰是可尚也是有補於
國家之政教者也吾以賤且貧老而皆之為子

重昔漢司馬長卿著大人賦不過駕說鈴
繡鞶帨耳狗監楊得意一薦而召為近
目方今右文敦孝公卿林立必有賢於狗
監者子之書與身其遇必矣子毋吝鏤
板之費取經傳中居喪之禮參之　朱子
家禮所載俾為全書庶阮籍趙先之儔皆
有所懲則子之書識有功於民彝世教詎
馬長卿之文立下風矣鶴鳴于九皋聲

聞于天謂予不信請質之詩君龔姓
端禮名仁夫其字宋儒紳之胄也嘗至浙
癸亥端陽日糜民葉知本敘

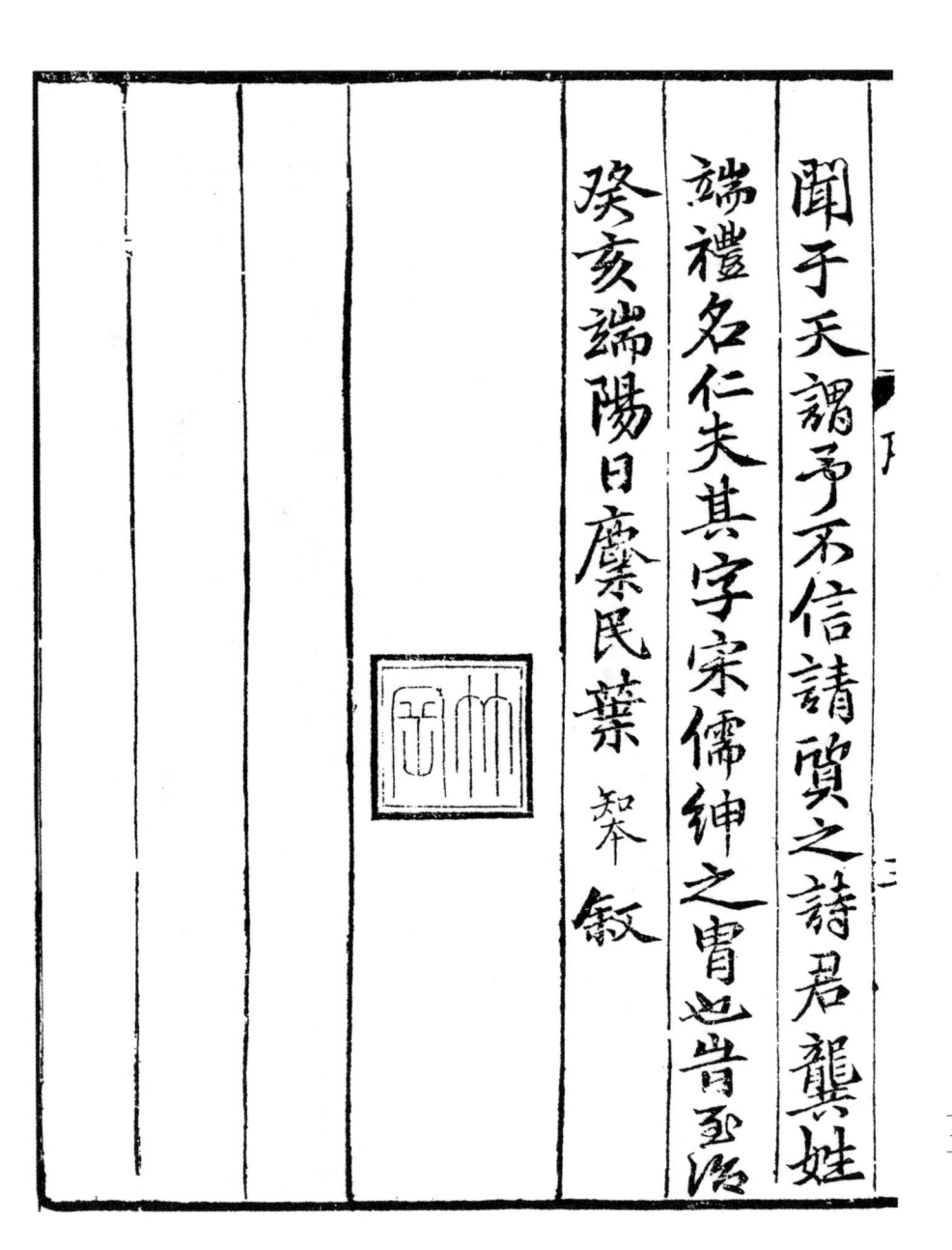

上萬言書

至順元年四月一日嘉興布衣臣龔端禮誠惶誠懼頓首

頓首上書于

皇帝陛下伏覩天曆二年八月十五日欽奉

詔書内一欵節該廣言路者國家所以通遠邇達壅塞諸人陳言

並依舊制欽此臣竊聞齊桓公設庭燎待士朞年不至東

野鄙人詣門求見桓公曰臣善九九公曰九九之能何足

以見寡人荅曰君設庭燎待士不至何也天下之士皆自

謂不及於君故不敢至臣以九九薄能誠能禮臣況賢於

九九者乎臣聞山不讓微塵海不逆細流所以成其高大

也桓公善其言繎而禮之不朞而四方賢士相率而至矣

欽惟

皇元混一四海晏平謂如屋漏在上知之在下臣鄙野淺學孤陋

寡聞雖未克廣引遠畧深謀治安大策敢不以一得之愚

猷佐
聖天子萬機之一然伏覩
詔旨求言之竊往往諸人上書罔無失言之責乃抱不報之譏則
忠直讜論之士豈不鉗口結舌耶方今
聖天子聰明在上而輔相公卿志政于佐
聖賢相從廣通言路此必不致復有過容者耶臣今以無妨官守
者五々事開言于后欽望
陛下詳覽倘合
聖意班行一二使言路自臣而啓猶東野鄙人之見遇忠鯁之士
四方風動民瘼政弊得達
聖聰天下幸甚將見唐虞雍熙之治矣禮記百禮曰史選東都賦
萬樂備百禮暨注萬樂百禮廣言之也臣罄殫愚忠昧死
謹言下情無任激切兢戰之至
一章早班喪制官民奉行

前件云云

一章刑政立制不一事

前件云云

一章收粮倉官理宜一例祗受

敕命事

前件云云

一章立制革弊廣養貧民事

前件云云

一章姦婦經斷宜配爲娼事

前件云云

臣龔端禮誠惶誠懼頓首頓首謹書

四月初四日呈准録事司司吏元禎承行申奉

總管府司吏謝肇承行旨揮下學會集賓序耆宿等議得

所言可采四申七月轉解

省府收管八月咨發

中書省照詳去訖

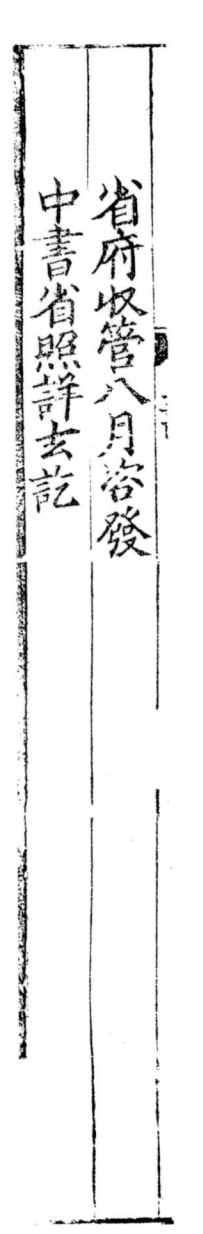

進服書文

嘉興路至治三年十一月二十九日據録事司申備耆老張文彬等狀呈切見本路城居龔端禮箕裘紹業詩學傳家識見老成鄉黨稱善近聞本人編類五服圖集徃而訪聞乃云唐有五服問荅宋五服敕疏及今官民準用彭仁仲袁知州舉要互相異同世俗未能易曉今將古今書籍參攷詳訂編成五服八圖開列門類分章細解共成一百九十二章本人藏之家塾未傳於衆伏覩本司牓文拯治事宜内一項勸人孝弟正謂教化風俗據龔端禮已成是書如蒙敦請本人先以一本赴官移文儒學校正然後印行庶使人民慎於孝禮盡其誠厚之道實非小補用敢闔詞舉明呈乞詳酌施行得此行下東坊正敦請龔端禮先將上項文籍一本赴司施行去後今據坊正張從政申繳到斗隅頓民龔端禮責狀稱端禮之服書非自著言昨因

先祖龔順正宋時宣教郎充樞密院編修官兼資善堂小
學教授家傳服圖故求諸禮圖書六十五家體古遵今編
類成集不脩文采惟載喪義喪禮淳朴之辭顧欲正人心
耳無求聞達不意嘉興路儒學耆宿葉竹岡洎見任祝學
正誤重以序文交章而推奬又有閭郡耆老舉明方今刊
備今端禮遵依先行茅印一集見在伏聞孔聖曰道之以
政齊之以刑民免而無恥道之以德齊之以禮有恥且格
然服制関繫世教伏慮未克盡善乞觧
上司委官校正可否然後施行所責是實申乞施行得此
參詳龔端禮所編五服文集此乃
朝廷之政教使天下之民知其喪禮以厚風俗抑且省其刑罰
有益於世卑司不敢專擅今觧五服圖集二冊乞收管委
官校正施行得此行下本路儒學校正明白保結申府去
後今據狀申移准本學羅教授関將發到服集二冊依上

考校得其服有五先王制禮之一也圖焉說焉散見雜出
非一家樵李龔仁夫者病夫紛紜異同莫之正也遂類爲
一編分章畫圖又從而釋之名曰五服圖解要之蓋欲夫
人服喪中禮而已於戲用心若此可謂眞知禮者哉後之
來者得見焉亦幸矣不然徒知五服有圖而圖有解不能
以禮裁之圖云乎哉解云乎哉委中程式堪以傳授開諸
施行准此卑學看詳喪服之制天下通例如蒙申明
上司更爲詳正爲例通行亦可闡揚名教以厚風俗誠爲
善道中乞施行得此府司官議擬得上項服書本乎禮經
可以裨政教厚風俗誠非小補今將服書一樣二集四帙
申解前去合行申覆伏乞
鈞詳收管施行
右申
江淛等處行中書省㫋牒呈上

本道廉訪司

泰定元年三月　　日司吏汪仲華侯光嗣

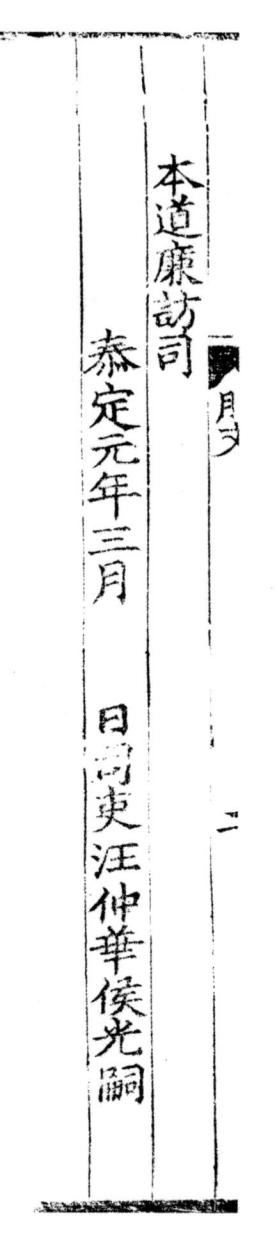

江浙等處行中書省來申龔端禮編成五服圖開列門類
分章細解共成一百九十二章本人藏之家塾未傳於衆
參詳上項服書可以裨政教厚風俗如蒙刊行誠非小補
今將一樣二集四帙申解乞施行得此送據江浙儒學提
舉司申照得泰定元年五月十八日據本司吏目葉端呈
抄録到江南浙西道肅政廉訪司文案該嘉興路牒呈
爲五服圖事憲司檢會到大德十年
中書省據禮部呈江南右[illegible]指述高古才學邁倫之士從
提舉司保申廉訪司文資正官考校相應繳連所業申臺
呈省送部與兩院參考得實依例定奪如有冒濫罪及保
官都省准擬奉此今將一集二帙仰委官校勘如委著述
可傳保結申解蒙此送據杭州路儒學申委本學何教授
與正録大小教尊等一同校勘得上項五服圖解略於古
而詳於今因其俗而明其釋參求往昔誠可傳行發下服

圖一集二帙申解乞照驗得此繳連回申憲司去訖今奉

前因申乞施行得此省府除已移咨

中書省照詳外合下仰照驗施行須議劄付者

右劄付嘉興路總管府准此

五服圖

泰定元年七月二十二日

掾史于公說行

錄白

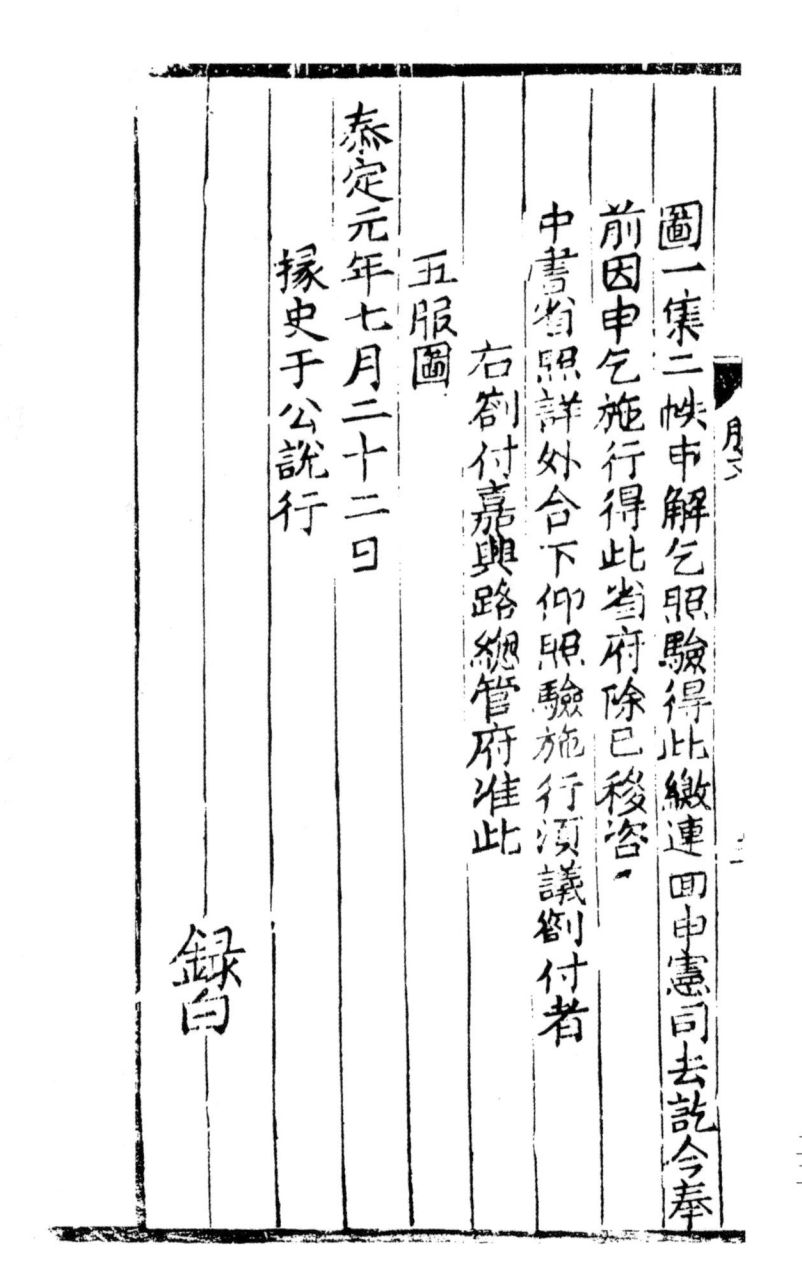

圖原

周制本族之圖

漢制雜籠之圖

新注易曉之圖

釋曰夫服圖者自周之始千有餘年而至西漢元康二年宣帝問群臣曰古本族宗枝圖列九族世俗難曉諫大夫王章即劃雜籠之圖帝曰朕見之燦如也傳至于今又經一千三百餘年而人猶復未省何哉蓋古服書中立親族之名頭比世俗之稱呼不同而不爲之明白訓註故也於是求采諸禮服書用古服圖分爲一百九十二章自斬至緦開列五門章章劃圖細解已資鐫版成集解官泰定元年七月巳蒙江浙等處行中書省委東陽縣達魯花赤馳驛咨發前赴中書省照詳去訖愚思此集乃當今官民必用之文復慮世人不克周曉故盡心窮禮按古增劃易曉之圖重別印造成

集具解

江浙等處儒學提舉司次第

進呈

朝廷裁擇乞賜

明降外

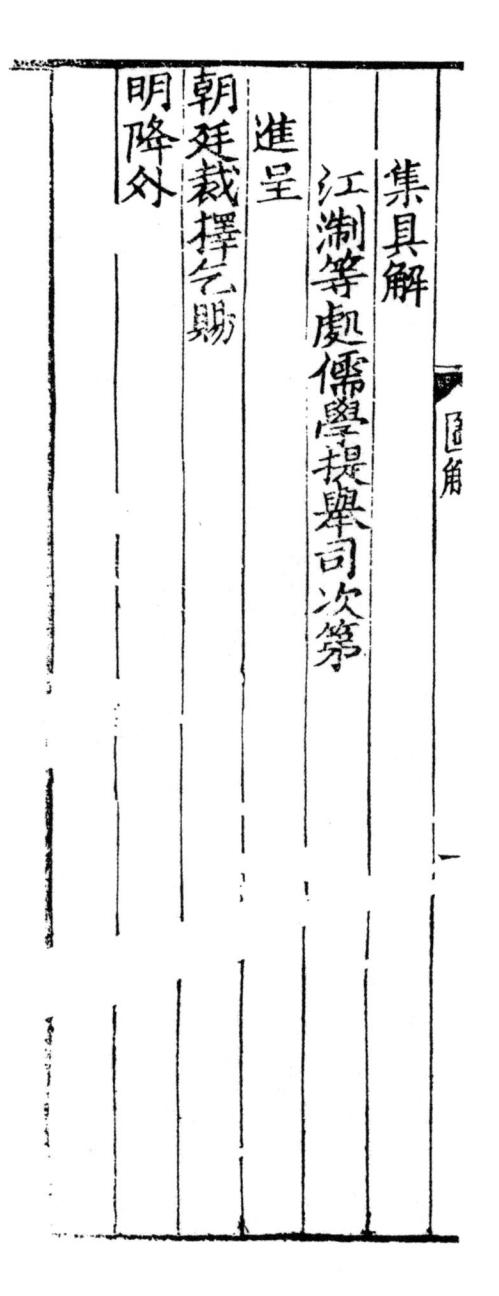

服例

爲本生父母丁憂例

鎮江路延祐七年二月十四日承奉

江浙等處行中書省劄付爲徽州路申歙縣司吏余英祖

本生父余正一亡不丁憂移准

中書省咨該送據刑部呈照得先奉

中書省判送御史臺呈陝西行臺咨漢中道廉訪司申提

控案牘杜文禮生身父杜坤美身故不曾丁憂公事本部

約請到集賢院侍講學士潘通奉翰林國史院直學士李

朝列太常禮儀院判孫朝列禮部尚書張中議與本部一

同議得按儀禮爲人後者其父母齊衰不杖期及會要服

紀引用假寧令諸喪斬衰三年齊衰三年並解官齊衰杖

期爲人後者爲其父母若庶子爲後爲其母亦解官申其

心喪母及嫁爲人後者雖不服亦申心喪注云皆爲生已

者又爲人後者所後父斬衰三年通典舊例皆同大抵蓋

聖人制服之意輕重厚薄各當乎禮今行臺所稟杜坤羙
將次男杜文禮過房與弟杜坤爲後其生已之父杜坤羙
亡殁爲齊衰期年之服亦當解官以申心喪解官即丁憂
也然此未有定制以此參詳今後過房同宗爲後之子於
所後父斬衰三年毋齊衰三年並丁憂解官於生已之父
毋擬合丁憂解官期年願丁憂終制者以實二十七月如
蒙准呈爲例遵守相應已經具呈照詳今承見奉本部議
得余英祖不丁父憂即與杜文禮一體事理合依已擬相
應具呈照詳得此照得杜文禮丁憂事理已經准擬遍行
依上施行去訖今據前因都省除外咨請依上施行准此
省府除外仰依上施行遵奉如此端禮於已編刊備服書而
後方拜此例愚編爲人後者爲本生之父母亡降服齊衰
不杖期解官申其心喪三年及本生父母爲其子爲人後
者報降服亦不杖期又夫爲人後者其妻爲夫之本生舅

姑注云夫之生身父母也義服大功若夫先亡其婦猶服
故親姑被出即是親姑此之謂也又編三種庶母分四等
之服内二等庶子不爲父後爲生已之庶母加服齊衰三
年當解官若爲父後則降服緦麻申其心喪又一等衆子
不分嫡庶爲非生已之庶母注父之妾而生别子者皆爲
義服緦麻第四等庶子爲慈已之庶母注云爲生已之妾
亡父之無子妾乳養己者義服小功端禮伏覩上項例云未
有定制愚以五服分一百九十二章然此乞賜
詳酌施行

親屬相盜例

建德路延祐六年六月二十二日承准
江南浙西道肅政廉訪司牒文承奉
江南諸道行御史臺劄付准
御史臺咨承奉

中書省劄付該送據刑部呈議得御史臺元呈監察御史
所言親屬相盜立制不同既無服之親相犯者止科其罪
免追倍贓俱不配流仍免刺字其有服之親今後凡尊長
於別居卑幼家切盜若強盜及卑幼於尊長家行切盜者
緦麻小功親減凡人一等大功減二等周親減三等亦依
上例不刺不配免追倍贓其卑幼於尊長家強盜以凡人
論以此參詳如准監察御史所言遍行爲例相應具呈照
詳得此都省准擬除外仰依上施行承此咨請依上施行
憲臺准此仰依上施行憲司奉此可依上施行遵奉如此
今來（端禮）切觀此例雖有減等之服名不見所載何種是緦
麻之親若小功之類愚以五服分一百九十二章如蒙用
斯服書詳其所犯正是何種親屬合該何等服紀而後明
立文案依例裁減定罪如此則刑法有所備矣然此乞賜
詳酌施行

通制不奔喪例

元貞二年七月

中書省河南行省咨黄州路録事司判官靳克忠聞知父亡不即奔赴又行飾詞不肯離職刑部議得職官奔喪已有定例靳克忠推故不奔父喪量擬六十七下降二等雜職内叙用都省准擬

通制不丁憂例

延祐二年正月

中書省御史臺呈三原縣尹張敏繼母党氏身故不行丁憂依舊在任有傷風教都省議得張敏所犯難任牧民候終制降一等於雜職内叙用標注過名今後不丁嫡繼母憂者擬决五十七下降一等所生母六十七下降二等俱於雜職叙用遵奉如此端禮切詳所生母者即生身之母也按服書謂之親母也

五服標目 總計一百九十二章

通制相同一百六十二章

通制不載三十章

斬衰三年八章

正服一章 加服二章 義服五章

齊衰四十三章內三年一十一章

正服二章 加服三章 義服六章

杖期四章

正服一章 義服三章

不杖期二十五章

正服九章 加服二章 降服七章

義服七章

五月正服一章

三月正義服各一章

大功二十六章

未成人七章

正服六章　義服一章

成人一十九章

正服二章　降服九章　義服八章

小功四十四章

未成人一十二章

正服八章　降服二章　義服二章

成人三十二章

正服十三章　降服六章　義服十三章

緦麻七十一章

未成人一十三章

正服八章　降服三章　義服二章

成人五十八章

正服十七章　降服十五章　義服三十九章

斬衰三年八章

爲親父　父爲長子

嫡孫爲祖父　爲人後者爲所後父

養父　婦爲舅

妻爲夫　妾爲主

齊衰四十三章

三年十一章

爲親母　爲嫡母

嫡孫爲祖母　母爲長子

婦爲姑　子爲繼母

繼母爲長子　慈母　庶母生已

養母　妾爲主之長子

杖期四章

嫡孫祖父在爲祖母　子爲嫁母
爲繼母嫁之繼父　爲妻
不杖期二十五章
爲祖父母　子爲父所生庶母
親伯叔父　爲親兄弟
爲衆子　親兄弟之子
姑及姊妹并女已適人無主者
婦喪夫無子爲其兄弟姊妹及兄弟之子
妾爲其子　爲嫡孫
女爲兄弟之爲父後者　子爲出母
嫁母出母爲其子　父卒繼母再適人爲繼子
妾爲其父母　出嫁女爲父母
爲人後者爲本生父母　本生父母爲其子爲人後者
爲伯叔母　繼母嫁爲前夫之子從已者

妾爲嫡妻　妾爲主之衆子
同居繼父　夫親兄弟之子
爲嫡婦
五月一章
爲曾祖父母
三月二章
爲高祖父母　不同居繼父
大功二十六章
未成人七章　謂男未娶妻女未許嫁人
爲子　嫡孫
叔父　姑及姊妹
親兄弟　親兄弟之子
夫親兄弟之子
成人一十九章　謂男已娶妻女已適人

從父兄弟及年長在室之姊妹
衆孫　姑及姊妹
爲女　出母爲女
女爲姑及兄弟姊妹并兄弟之子
女爲出母　親兄弟之女
女爲親伯叔父　兄弟及姪爲人後者
爲人後者爲其姑及兄弟姊妹
夫之祖父母　夫之親伯叔父母
夫親兄弟之子婦　親兄弟之子婦
夫兄弟之女　女爲伯叔母
夫爲人後者其妻爲夫本生之舅姑
衆子之婦

小功四十四章

未成人一十二章

爲子　嫡孫
叔父　姑及姊妹
親兄弟　親兄弟之子
從父之兄弟姊妹　衆孫
女爲親兄弟之子　爲人後者爲其姑及兄弟姊妹
夫兄弟之子　夫之叔父

成人三十二章

從祖祖父　親兄弟之孫
從祖父　從祖姑
堂兄弟之子　從祖兄弟姊妹
從祖祖姑　外祖父母
爲舅　從母
外甥　女爲姊妹之子
同母異父之兄弟姊妹　從父姊妹

女爲從父兄弟　孫女

爲人後者爲從父兄弟　爲人後者爲其姑及姊妹

女爲其兄弟并姪之爲人後者

從祖祖母　夫親兄弟之孫

從祖母　夫堂兄弟之子

夫之姑并姊妹　女爲兄弟及姪之妻

嫡母之父母兄弟從母　繼母之父母兄弟從母

嫡孫婦　庶母慈已

夫之兄弟　兄弟之妻

姒娣婦

緦麻七十一章

未成人一十三章

從又兄弟姊妹　衆孫

從祖叔父　從祖兄弟

舅及從母　從祖姑及姊妹
從父兄弟之子　親兄弟之孫
女爲親兄弟之子　爲人後者爲姑及兄弟姊妹
爲人後者爲從父兄弟　夫之叔父
夫之姑及夫之姊妹

成人五十八章

族兄弟姊妹　族曾祖父
族曾祖姑　親兄弟之曾孫
族祖父　族祖姑
同堂兄弟之孫　族父族姑
曾孫玄孫　外孫
從母及兄弟姊妹　再從兄弟之子
姑之子女　舅之子女
從祖姑　女爲從祖姑

從祖姊妹　　女爲從祖祖姑
女爲從祖兄弟姊妹　　女爲外祖父母兄弟從母
女爲堂兄弟之子　　女爲從祖父
同堂兄弟之女　　庶子爲人後爲生己之庶母
女爲兄弟之孫　　從祖祖姑
女爲從祖祖父　　爲人後者爲本生外祖父母
兄弟之孫女　　女爲從祖祖母
族曾祖母　　夫兄弟之曾孫
族祖母　　夫同堂兄弟之孫
族母　　夫之再從兄弟之子
衆孫之婦　　女爲從祖母
庶母非生己　　乳母
爲壻　　妻之父母
夫之高曾祖父母　　夫之從祖祖父母

兄弟之孫婦　夫兄弟之孫婦
夫之從祖父母　堂兄弟之子婦
夫堂兄弟之子婦　夫從父兄弟及妻
夫兄弟之孫女　夫從父兄弟之女
夫從父姊妹　夫之外祖父母
夫之舅及從母　外孫之婦
女爲姊妹之子婦　外甥之婦

五服標目終

錢唐頤衡方　蘇臺胡惟一評論
敕授嘉興路儒學教授羅應龍校正
承事郎江浙等處榷茶都轉運使司經歷侯邦　考正
教授杭州路儒學教授何庚孫校勘

承事郎江浙等處儒學提舉宋壵保勘

文林郎江浙等處儒學提舉楊剛中重保

朝列大夫僉江南浙西道肅政廉訪司事尚師簡覆考

五服八圖

周制

本族之圖

				高祖父母 齊衰三月				
			族曾祖姊妹 緦麻	曾祖父母 齊衰五月	族曾祖父母 緦麻			
		族祖姑 室緦麻 嫁無服	從祖祖姑 室小功 嫁緦麻	祖父母 齊衰不杖期若父先卒己承祖父母服同	從祖祖父母 小功	族祖父母 緦麻		
	族姑 室緦麻 嫁無服	從祖姑 室小功 嫁緦麻	姑 室不杖期 嫁大功	父母 斬衰 齊衰 三年	伯叔父母 齊衰不杖期	從祖父母 小功	族父母 緦麻	
族姊妹 室緦麻 嫁無服	從祖姊妹 室小功 嫁緦麻	從父姊妹 室大功 嫁小功	姊妹 室不杖期 嫁大功	己身	兄弟 齊衰不杖期 妻小功	從父兄弟 大功	從祖兄弟 小功	族兄弟 緦麻
	再從兄弟女 室緦麻 嫁無服	同堂兄弟女 室小功 嫁緦麻	兄弟女 室不杖期 嫁大功	子婦 嫡斬衰三年 衆子女不杖期 嫡不杖期 衆大功	兄弟之子 不杖期 妻大功	同堂兄弟子 小功 妻緦麻	再從兄弟子 緦麻	
		同堂兄弟孫女 室緦麻 嫁無服	兄弟孫女 室小功 嫁緦麻	孫子婦女 嫡不杖期 衆孫并女大功 嫡小功 衆緦麻	兄弟之孫 小功 妻緦麻	同堂兄弟孫 緦麻		
			兄弟曾孫女 室緦麻 嫁無服	曾孫子 緦麻 女嫁無服	兄弟曾孫 緦麻			
				玄孫 緦麻 女嫁無服				

九子出繼皆

降本服一等

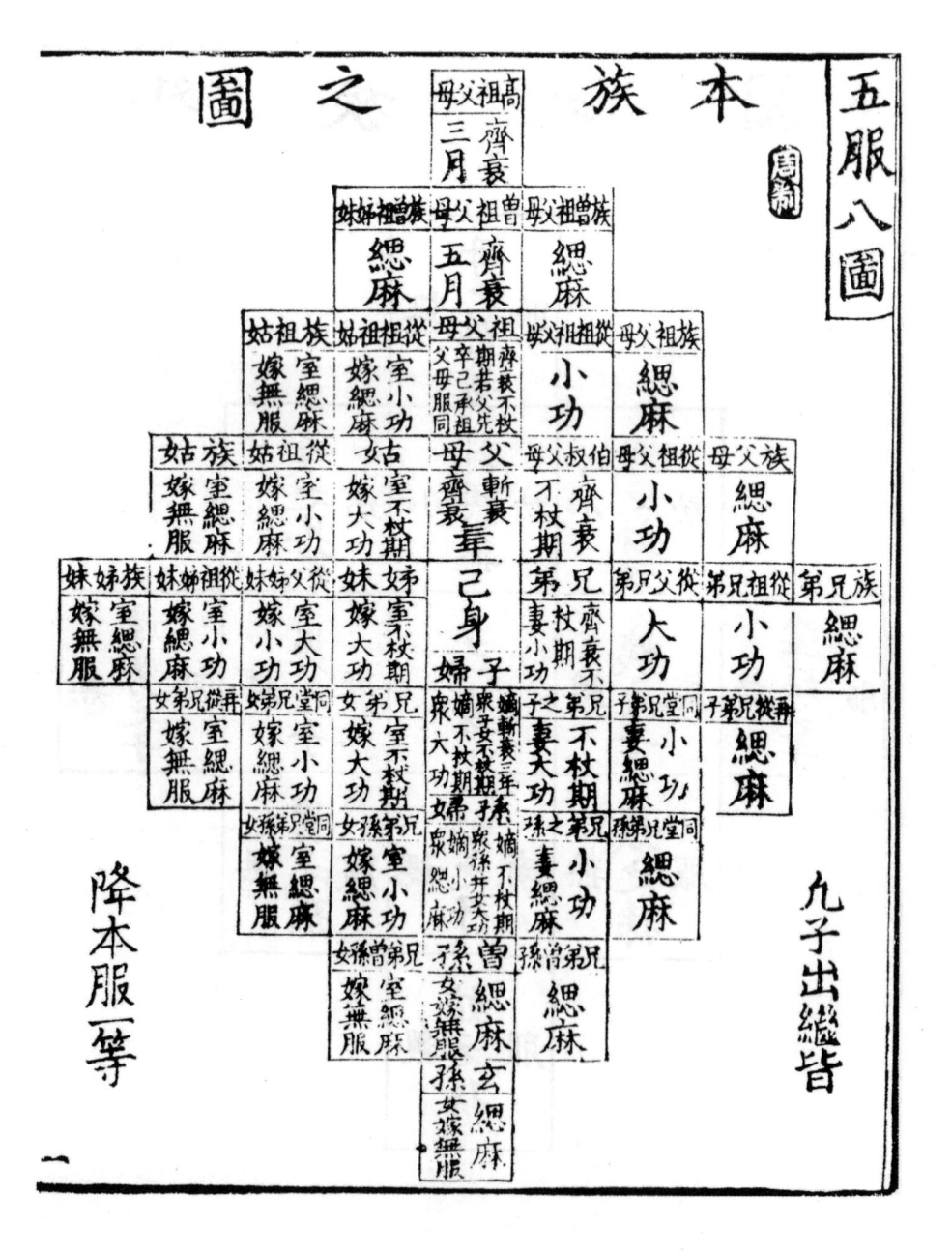

外族之圖

		母之祖父母 無服		
	母之姊妹 小功	外祖父母 小功	母之兄弟 小功	
堂姨之子 無服	姨之子 緦麻	己身	舅之子 緦麻	堂舅之子 無服
	姨之孫 無服	姑之子 緦麻	舅之孫 無服	
		姑之孫 無服		

嫁女為父族服圖

凡女出嫁皆

降本服一等

				高祖父母 齊衰三月				
			曾祖姊妹 無服	曾祖父母 齊衰五月	曾祖兄弟 無服			
		祖堂姊妹 無服	祖姊妹 室緦麻 嫁無服	祖父母 齊衰期	祖兄弟并妻 緦麻	祖堂兄弟 無服		
	父再從姊妹 無服	父堂姊妹 室緦麻 嫁無服	父姊妹 室大功 嫁小功	父母 齊衰期	伯叔父母 大功	父堂兄弟并妻 緦麻	父再從兄弟 無服	
三從姊妹 無服	再從姊妹 室緦麻 嫁無服	堂姊妹 室小功 嫁緦麻	姊妹 室大功 嫁小功	適人女身	兄弟 大功 妻小功	堂兄弟 小功 妻緦麻	再從兄弟 緦麻	三從兄弟 無服
	再從姪女 無服	堂姪女 室緦麻 嫁無服	姪女 室大功 嫁小功	外祖父母 緦麻	姪 大功 妻小功	堂姪 緦麻	再從姪 無服	
		堂姪孫女 無服	姪孫女 室緦麻 嫁無服	出兄弟姊妹 無服	姪孫 緦麻	堂姪孫 無服		
			姪曾孫女 無服	從母之子 無服	姪曾孫 無服			
				姑舅之子 無服				

二

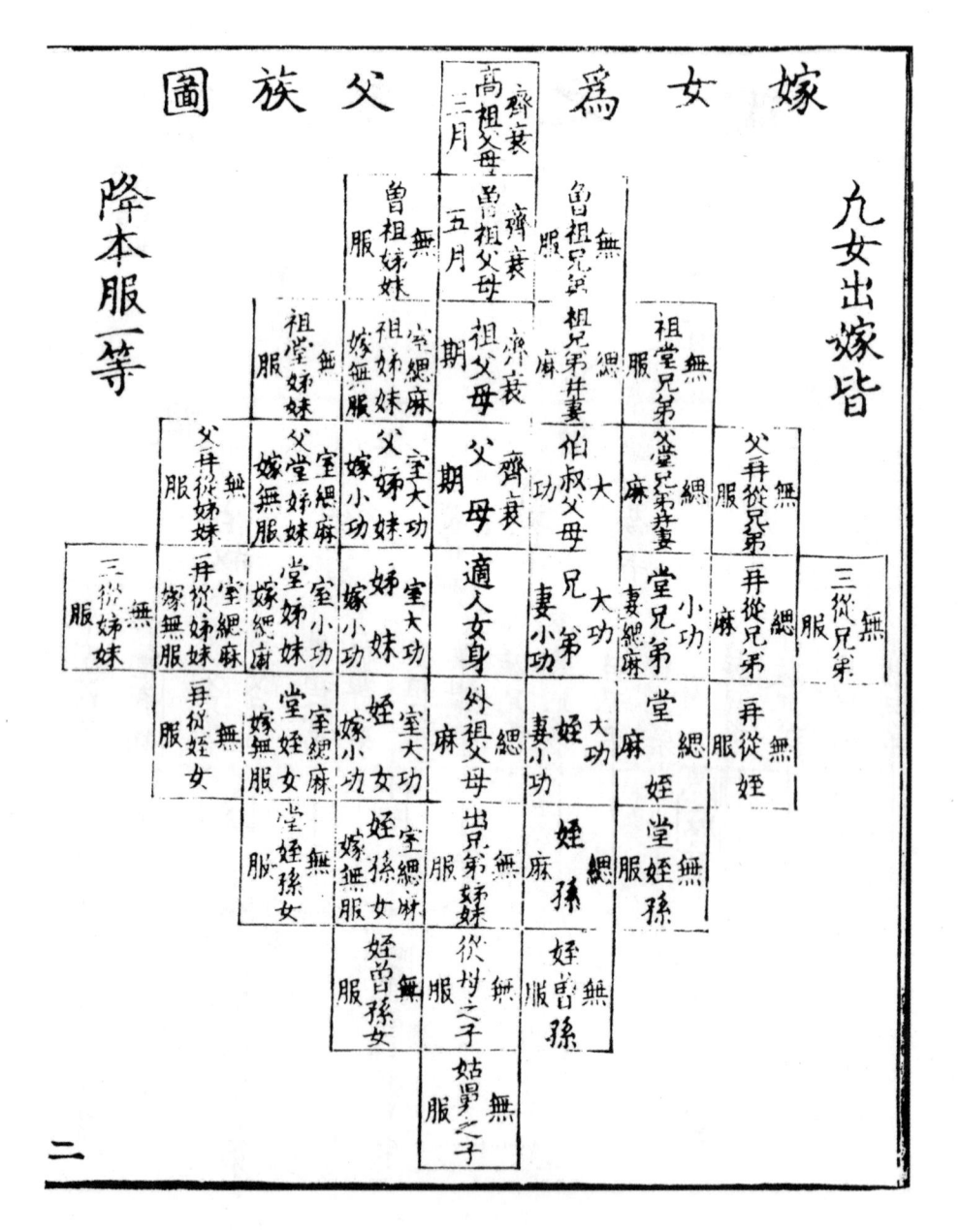

雞籠之圖

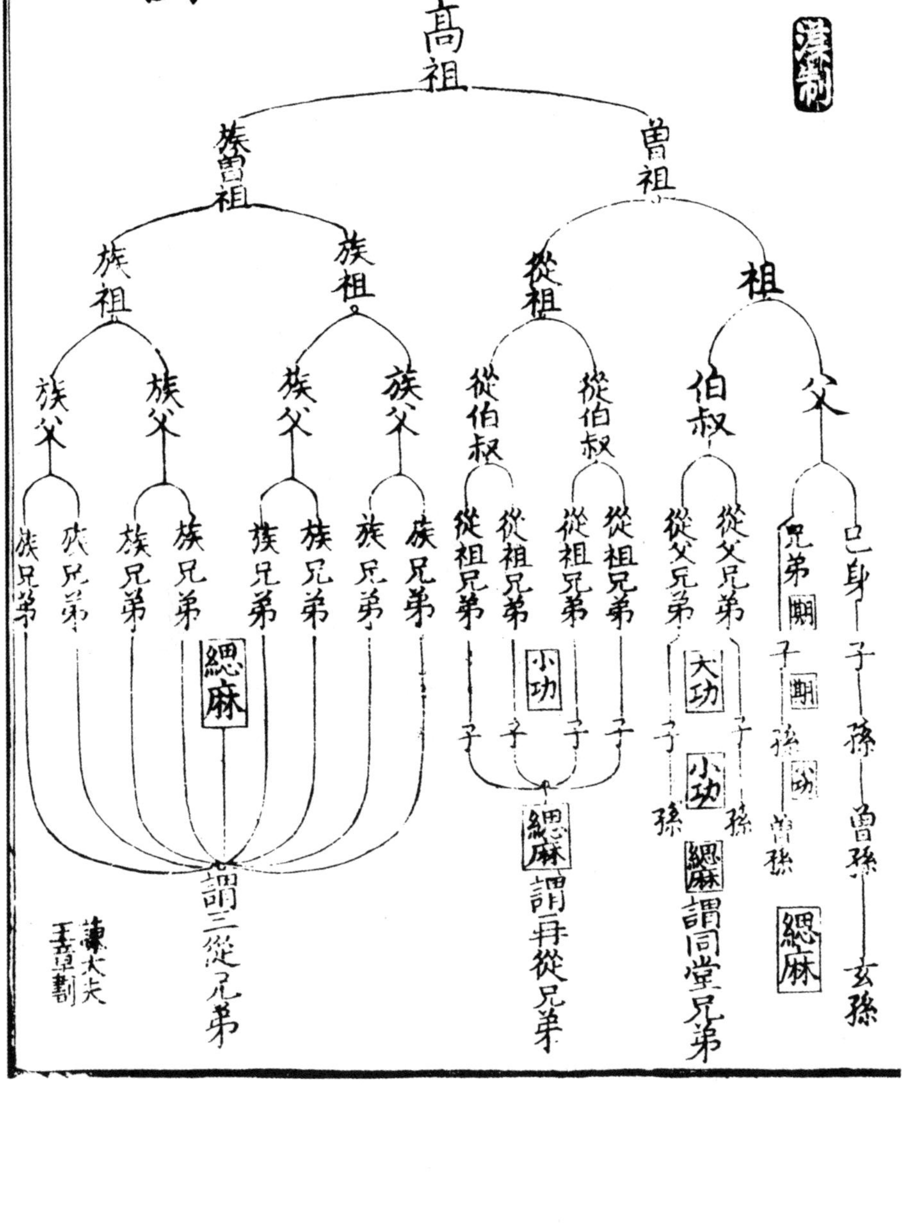
漢制
高祖
曾祖
族曾祖
祖
從祖
族祖
族祖
父
伯叔
從伯叔
從伯叔
族父
族父
族父
族父
己身
兄弟 期
從父兄弟
從父兄弟
從祖兄弟
從祖兄弟
從祖兄弟
從祖兄弟
族兄弟
族兄弟
族兄弟
族兄弟
族兄弟
族兄弟
族兄弟
族兄弟
子
孫
曾孫
玄孫
子 期
孫 功
曾孫
緦麻
子
子
大功
小功
孫
孫
緦麻
謂同堂兄弟
子
子
子
子
小功
緦麻
謂再從兄弟
緦麻
謂三從兄弟
諫大夫
王章制

妻爲夫家之圖

				夫高祖父母 緦麻				
			夫曾祖姊妹 無服	夫曾祖父母 緦麻	夫曾祖兄弟 無服			
		夫祖堂姊妹 無服	夫祖姊妹 緦麻	夫祖父母 大功	夫祖兄弟並妻 緦麻	夫祖堂兄弟 無服		
	夫再從姑 無服	夫之堂姑 在室適人各緦麻	夫之姑 在室適人各小功	舅斬衰 姑齊衰 三年	夫伯叔父母 大功	夫父堂兄弟並妻 緦麻	夫父再從兄弟 無服	
夫三從姊妹 無服	夫再從姊妹 無服	夫堂姊妹 在室適人各緦麻	夫姊妹 在室適人各小功	夫 斬衰三年 妻身	夫兄弟及妻 小功	夫堂兄弟並妻 緦麻	夫再從兄弟 無服	夫三從兄弟 無服
	夫再從兄弟女 在室緦麻 嫁無服	夫堂兄弟女 在室小功 嫁緦麻	夫兄弟女 在室期 嫁大功	子 嫡齊衰三年 衆子并女期 婦 嫡期 衆大功	夫兄弟子 期 妻大功	夫堂兄弟子 小功 妻緦麻	夫再從兄弟子 緦麻	
		夫堂兄弟孫女 在室緦麻 嫁無服	夫兄弟孫女 在室小功 嫁緦麻	孫 嫡期 衆大功 婦 嫡小功 衆緦麻	夫兄弟孫 小功 妻緦麻	夫堂兄弟孫 緦麻		
			夫兄弟曾孫女 在室緦麻 嫁無服	曾孫 緦麻 女嫁無服	夫兄弟曾孫 緦麻			
				玄孫 緦麻 女嫁無服				

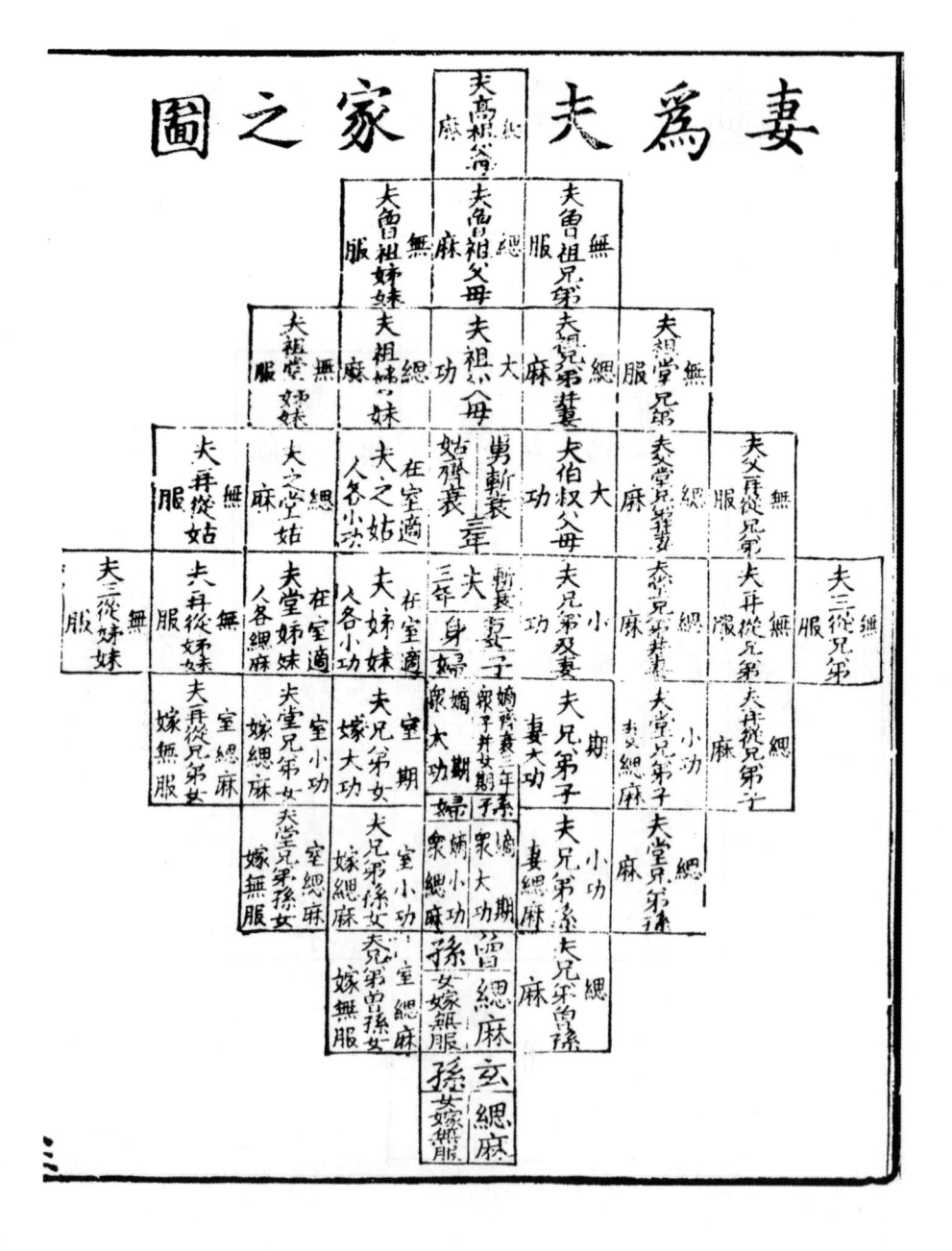

夫為妻家之圖

		妻之祖父母 無服		
	妻之姑 無服	妻父母 緦麻	妻伯叔 無服	
妻之姨舅 無服	妻姊妹 無服	己身 妻齊衰杖期	妻兄弟 并嫂 無服	妻外祖父母 無服
	妻姊妹子 無服	女之子 緦麻 妻同	妻兄弟子 無服	
		姨之女孫 無服		

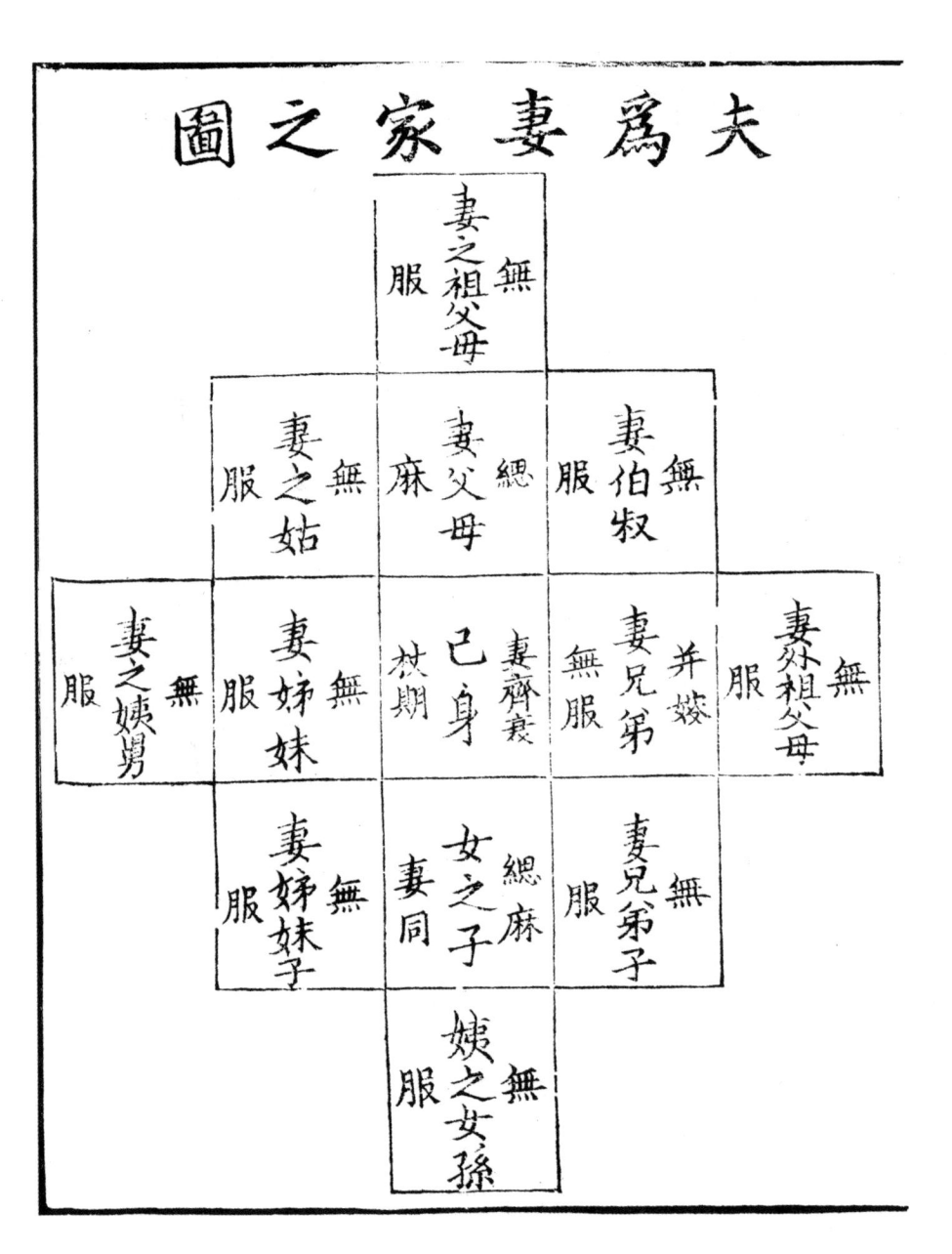

禮制六父十二母圖

親父
謂親生己
斬衰三年

養父
謂過房同宗
或乞養義子
及遺棄小兒
斬衰三年

繼母嫁繼父
謂從繼母嫁
寄育齊衰杖
期若已不從或
繼母在則無服

同居繼父
謂己無大功之
親從母適人所
適者亦無大功之
親齊衰不杖期

不同居繼父
謂先同今
異居齊衰
三月若元不
同居無服

本生父
謂父將己
外繼故降
齊衰不杖
期申心喪

養母
謂過房同宗或乞
養義子及遺棄小
兒齊衰三年改嫁
期服被出無服

嫡母
謂庶母生己稱
父正室曰嫡齊衰
三年若此母改嫁
杖期被出無服

親母
謂父正室
親生己者
齊衰三年

繼母
齊衰三年若父
先卒繼母再嫁
己從不杖期不
從或被出無服

慈母
謂父生己之妾亡父
命無子之妾爲乳
養齊衰三年若父卒
其改嫁服期被出無服

乳母
謂己小時得
其乳育緦麻

出母
謂生己之母
而父離棄被
出齊衰杖期

嫁母
謂生己之母
父卒而再醮
人齊衰杖期

本生母
謂母將己
外繼故降
齊衰不杖
期申心喪

庶母慈己
謂生己之妾
亡非父命而
無子之妾自
乳養己者功

庶母生己
齊衰三年若
己爲父後及
嫡母在則爲
緦麻申心喪

庶母非生己
謂父之妾生子
者衆子皆緦麻

四

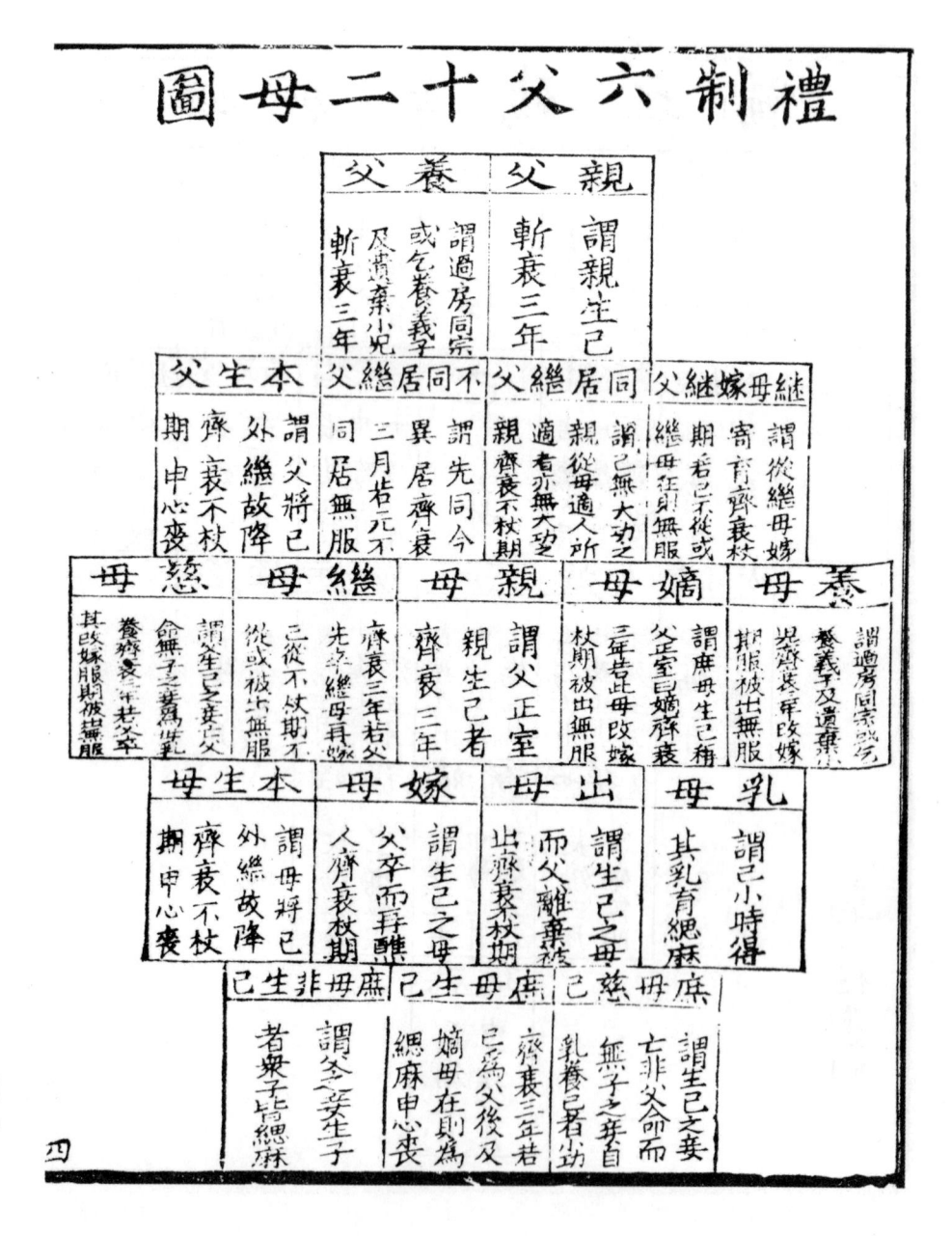

本族三殤之圖

堂叔父　長殤三月　中下殤無服
叔父　長殤九月　中殤七月　下殤五月
父母
姑　長殤九月　中殤七月　下殤五月　嫁出或已許嫁無服
堂姑　長殤三月　中下殤無服

再從兄弟　長殤三月　中下殤無服
堂兄弟　長殤五月　中下殤三月
兄弟　長殤九月　中殤七月　下殤五月
己身
姊妹　長殤九月　中殤七月　下殤五月
堂姊妹　長殤五月　中下殤三月
再從姊妹　長殤三月　中下殤無服

堂姪　長殤三月　中下殤無服
姪男　長殤九月　中殤七月　下殤五月
子　長殤九月　中殤七月　下殤五月
姪女　長殤九月　中殤七月　下殤五月
堂姪女　長殤三月　中下殤無服

姪孫　長殤三月　中下殤無服
嫡孫　長殤九月　中殤七月　下殤五月
姪孫女　長殤三月　中下殤無服

庶孫　長殤五月　中下殤三月

龔古禮刪訂

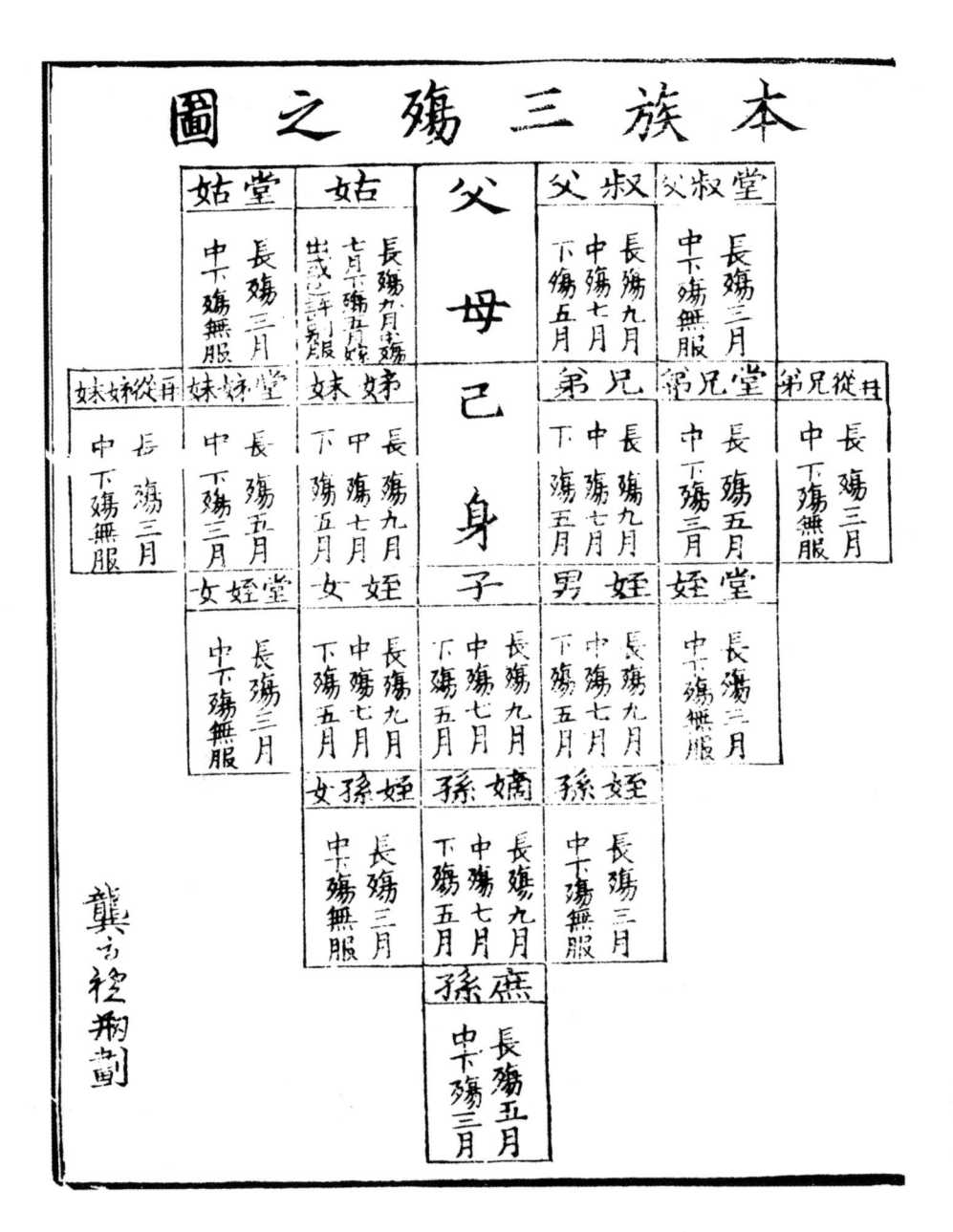

泰定三年新注

曉易

高祖 經曰高祖王父

族曾祖父 經曾祖親兄弟曰族曾王父俗稱族長又稱大太公

曾祖 經曰曾祖王父

族祖父 經祖之堂兄弟曰族祖王父俗稱族長又稱族伯公族叔公

從祖祖父 經祖之親兄弟曰從祖王父俗稱伯公叔公

祖 經曰王父大父

族父 經曰父之從祖兄弟俗稱族長又稱族伯族叔

從祖父 經曰父之堂兄弟俗稱房長又稱堂伯堂叔

從父 經父之親兄弟曰世父叔父俗稱阿伯阿叔

親 經曰尊父大人慈父

族兄弟 經曰三從兄弟俗稱族長又稱遠族哥弟

從祖兄弟 經曰再從兄弟俗稱房長又稱遠房哥弟

從父兄弟 經曰同堂兄弟又謂從兄弟俗稱叔伯哥弟

親兄弟 經曰同氣兄弟又謂同房兄弟俗稱嫡親哥弟

己 經曰賤子厥子愚男不肖

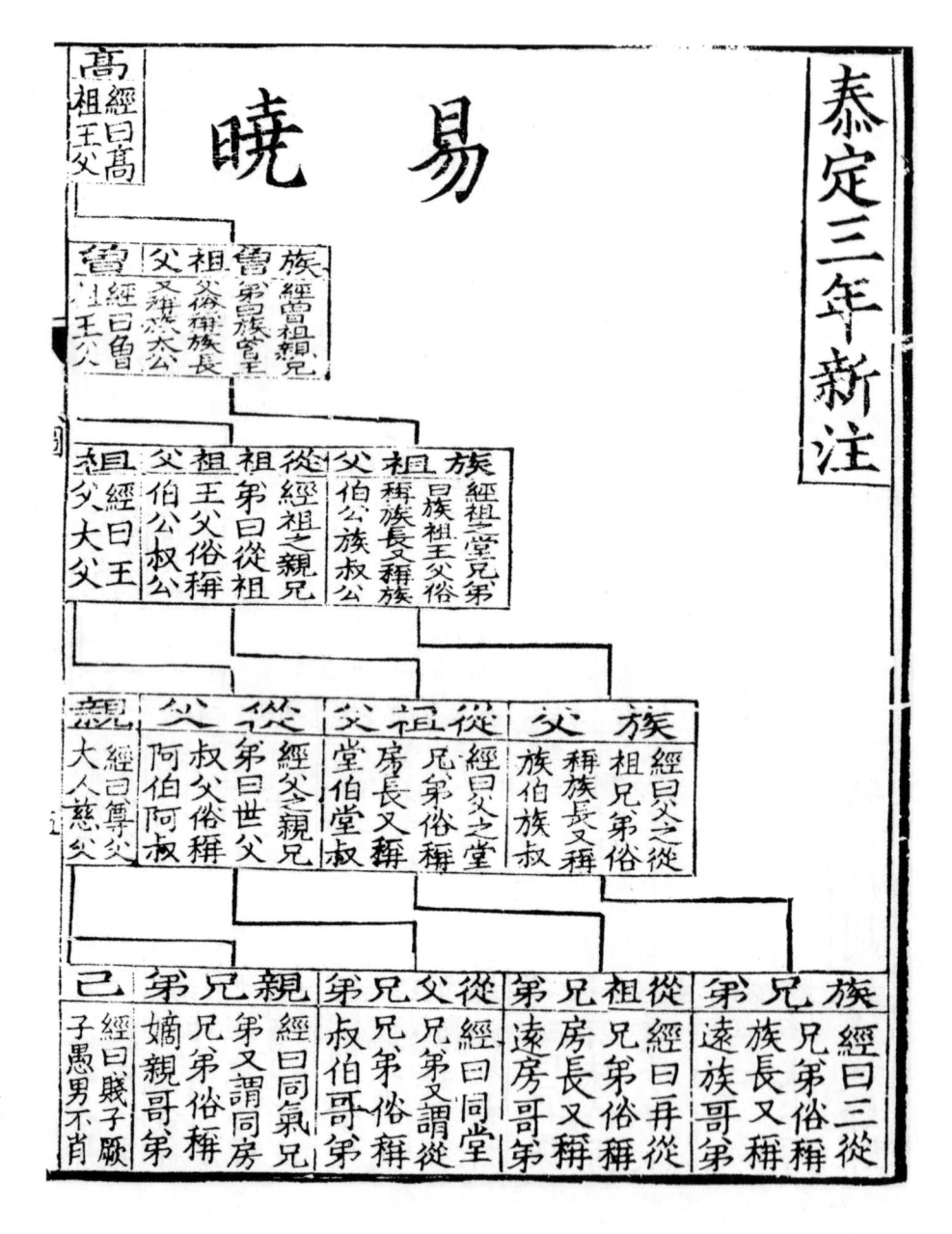

祖：俗稱太太公

之圖

祖：俗稱太公
族曾祖姑：經曾祖親姊妹曰族曾王姑俗稱太姑婆

父：俗稱阿公翁翁
從祖祖姑：經祖之親姊妹曰從祖王姑俗稱姑婆
族祖姑：經祖之堂姊妹曰族祖王姑俗稱族姑婆

父：俗稱阿爺阿爹
親姑：經曰父之親姊妹俗稱大姑小姑
從祖姑：經曰父之堂姊妹俗稱堂姑
族姑：經曰父之從祖姊妹俗稱族姑

身：俗稱名某或稱排第
親姊妹：經曰同氣姊妹又謂同房姊妹俗稱嫡親姊妹
從父姊妹：經曰同堂姊妹又謂從姊妹俗稱叔伯姊妹
從祖姊妹：經曰再從姊妹俗稱遠房姊妹
族姊妹：經曰三從姊妹俗稱遠族姊妹

喪服圖式

裁辟領四寸圖

反摺辟領四寸爲左右適圖

反摺向前圖

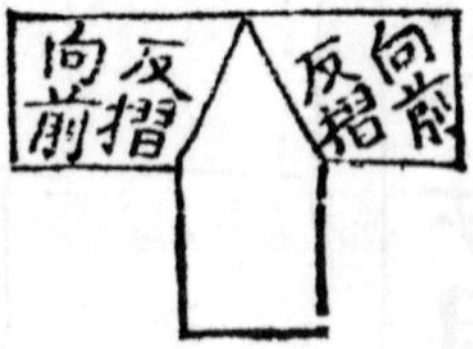

品字領脰

別用布横長一尺六十廣八寸塞闊中爲領圖

加領於衣前圖

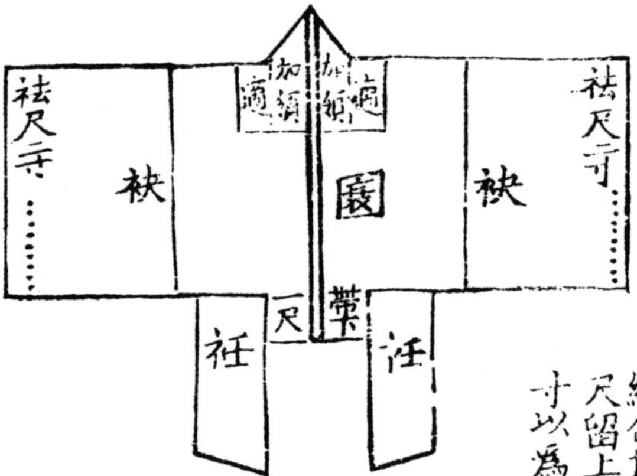

縫合其下一尺留上尺二寸以爲袖口

加領於衣後圖

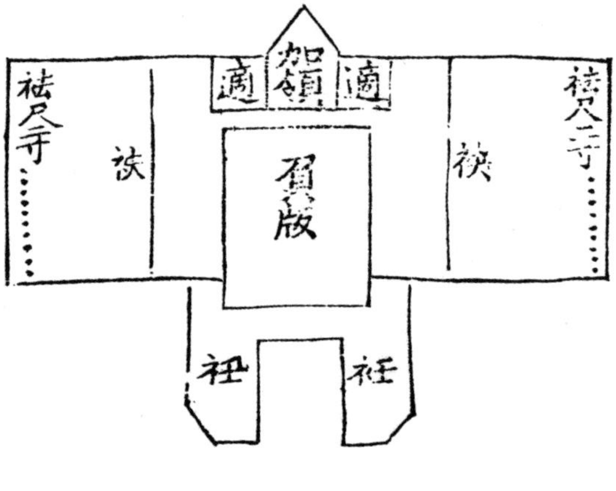

前衰後負板左右適惟子爲父母用

之其餘不用者不裁闊中當如常法

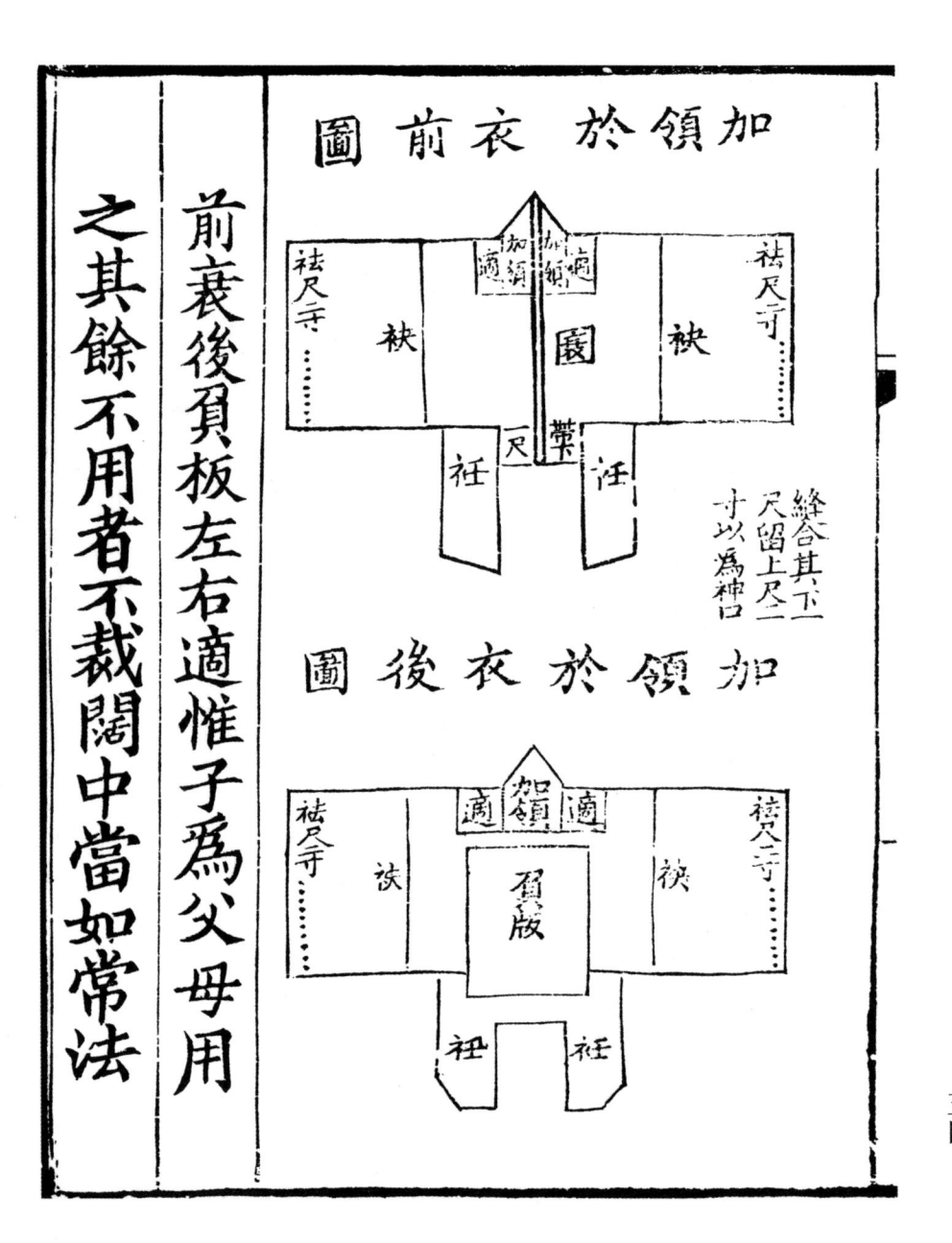

裁衽圖

两衽相疊圖

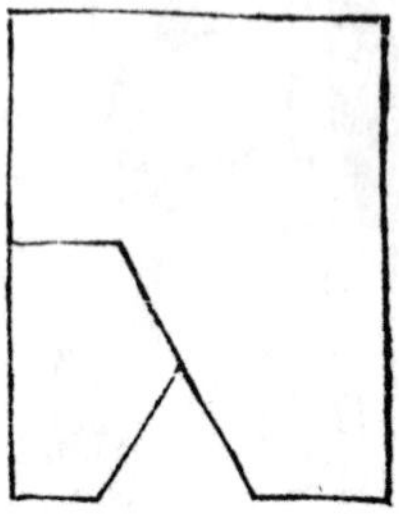

裳制

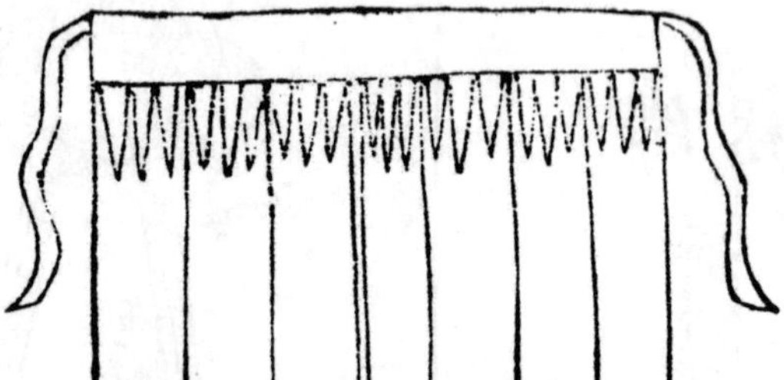

後四幅　前三幅

斬衰冠

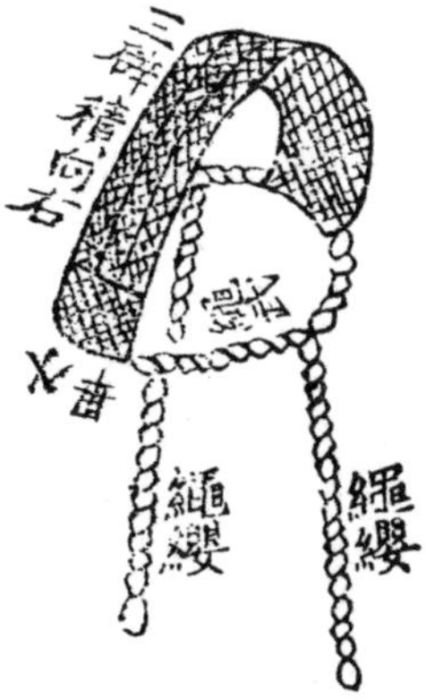

齊衰冠

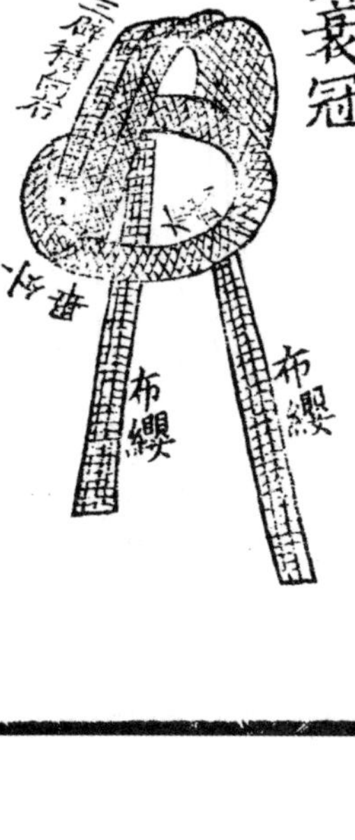

大功冠

並同齊衰

小功冠

三辟積向左餘與齊衰同

緦麻冠

澡纓辟積同小功餘與齊衰同

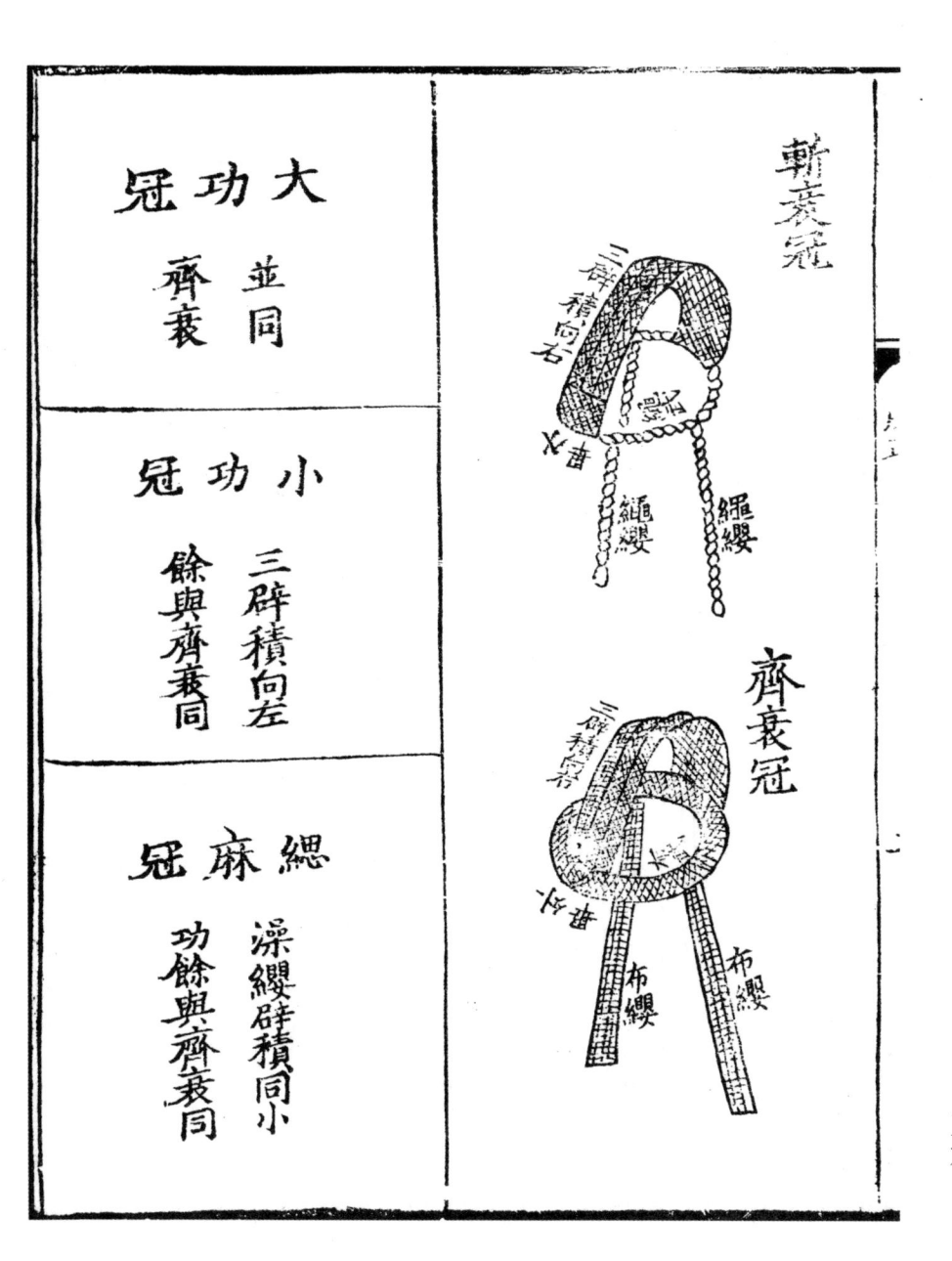

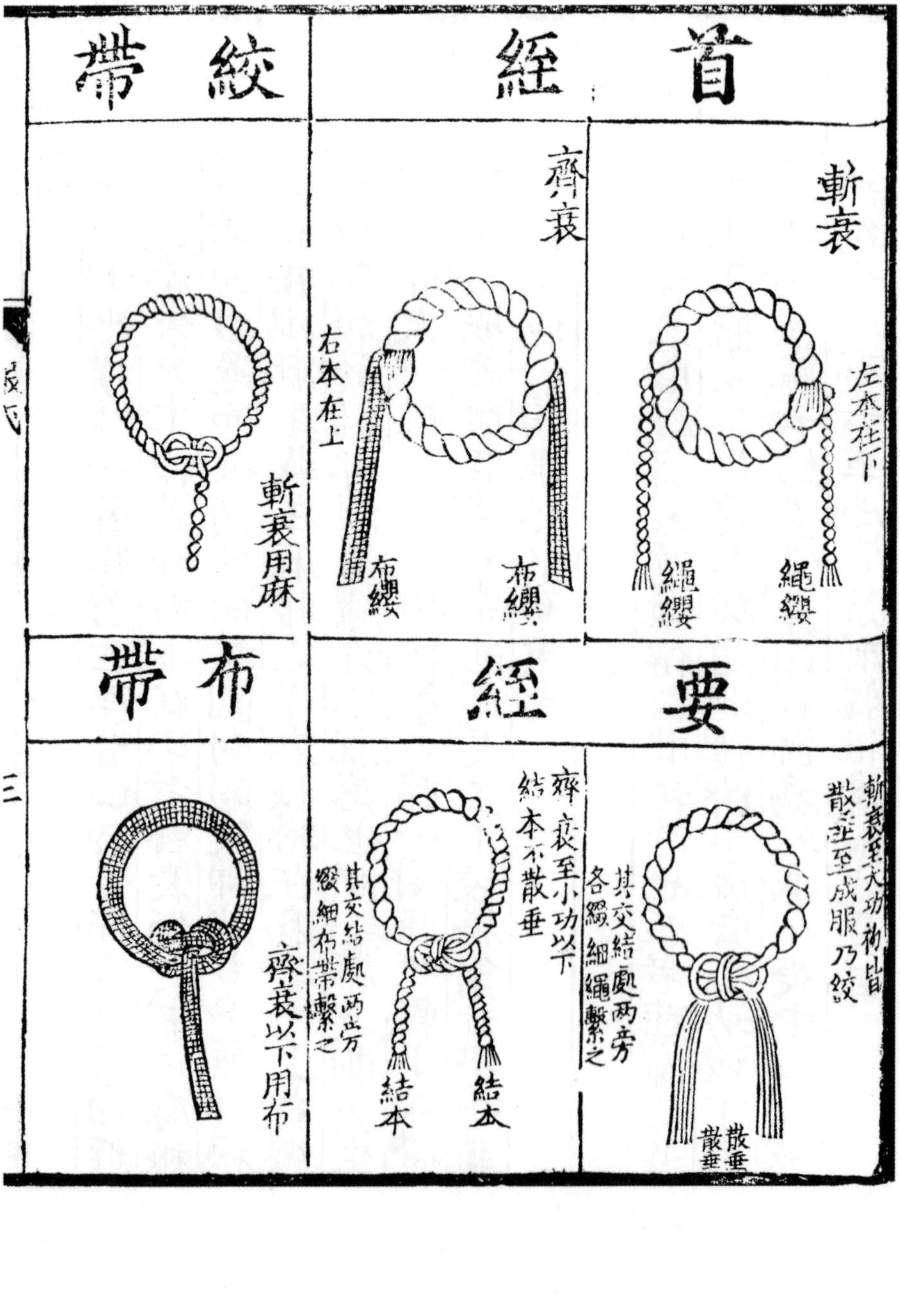
首絰
斬衰
左本在下
繩纓
繩纓
齊衰
右本在上
布纓
布纓
絞帶
斬衰用麻
要絰
斬衰至大功初皆散垂至成服乃絞
其交結處兩旁各綴細繩繫之
散垂
散垂
齊衰至小功以下結本不散垂
其交結處兩旁綴細布帶繫之
結本
結本
布帶
齊衰以下用布

三

絰帶制

釋曰士喪禮疏曰麻在首在要皆曰絰分而言之首曰絰要曰帶朱先生曰首絰右本在上者齊衰絰之制以麻根處著頭右邊而從額前向左圍向頭後却就右邊無麻根處相接以麻尾藏在麻根之下麻根搭在麻尾之上有纓者以其加於冠外須着纓方不脫落也問絰帶之制先生曰首絰大一搤只是拇指與第二指一圍腰絰較小絞帶又小於腰絰腰絰象大帶兩頭長垂下絞帶象革帶一頭有彄子以一頭串於中而束之

屨制

釋曰斬衰菅屨齊衰疏屨傳云菅者菲也疏者藨蒯之菲也小記齊衰三月與大功同繩屨鄭康成云小功以下麻屨無約按疏云約者屨鼻頭有飾爲行戒今喪中去飾故無約也晦庵云五服皆是麻屨惟麄細之異耳

五服義解

斬衰（音催，縗同）

釋曰：服制云：斬者，不緶緝，不殺（去聲）邊，而言斬者，取其痛甚之義。衰者，推也，故用布一片，長六寸，闊四寸，綴在胷前，明其孝心有哀推之意。又周服制云：在上曰衰，在下曰裳。禮記曰：創鉅者其日久，痛甚者其愈遲。鄭玄云：斬衰用三升。

苴（音疽）麻每升八十縷爲經，不過二百四十經，闊不過二尺二寸，白麻漏曰苴麻，連根，其色黧黑貌，其惡也。禮云：不去其根，謂父子之道不絶其根本也。

苴杖（根在下，如要絰七寸大圍）

釋曰：苴者，有病自死之竹子，爲父喪用竹杖者，父是子之天，圓象天，内外有節，能貫四時不變，象子内外之痛哳經寒温而不改也。又云：竹雖斬斷不可接續，其性不改，孝子愛親哭泣無數，服壓三年，身病體羸，以杖持助其病故也。

杖齊其心存其節也婦人童子不杖謂不能病也

齊衰音咨

釋曰服制云衰則外縪裳則内縪其服用三升半枲音葸麻浸緝翦裁而成不過二百八十經闊不過二尺二寸白麻通云枲麻㚤實而蒼白色取其母能孳生其子故曰齊咨也唐開元以前呼曰齊音齋衰父母亡其子食素而齋戒三年故曰齋唐明皇後復爲齊咨衰

削杖 根在下如要經五寸大圍

釋曰削者削之使下方取母象於地子爲母喪用桐杖者桐者同也欲取内心悲痛一與父同以桐外無節象家無二親尊也故桐之子隨枝葉而生取母子無絶道也盖桐經時有變方柔弱無根能生斷而能接續爲母有别嫁别接人體故持桐杖以助孝子哭泣無力杖與心齊以扶病病從心起故以心爲斷也

杖期

釋曰謂衣齊衰之服而持哭杖守孝一年期者古以期爲年爲唐明皇帝諱基改基爲周至宋由避唐諱亦稱周紹興編勑改周復期

不杖期

釋曰謂衣齊衰之服不持哭杖守孝一年

大功

釋曰鄭玄云謂鍜治之功麄沽音古織功麄大比期親之情踈比小功緦麻而大故曰大功九月服用九升熟布爲之

禮記曰九月七月之喪三時也

小功

釋曰鄭玄云謂用功細小而精密聖人制五服而分五等爲親有高下遠近自斬衰以下漸加其細以别親踈之義持孝之功減大功之半故曰小功五月服用十二升熟布

爲之今燕紗布也

緦麻

釋曰緦者絲也鄭玄云用十五升布爲之其細如踈其親意漸遠孝情亦然温公書儀云故開傳曰斬齊衰大小功緦麻盖當時有織此布以供喪用者布之不論升數久矣裴茝劉岳書儀五服皆用布衣裳上下異制度畧相同但以精粗及無負版衰爲異耳然則唐五代之際士大夫家喪服猶如古禮也近世俗多忌諱自非子爲父母婦爲舅姑妻爲夫妾爲主之外莫肯服布有服之者必爲尊長所不容衆人所譏誚此必不可强此無如之何者也今且於父毋舅姑夫主之服粗存古制度庶幾有好禮者猶能行之白虎通曰緦麻用麻絲相兼而成呼曰兼絲是也凡喪服變除自斬至緦雖年月不同皆法天地故曰緦麻法三月一時天氣一變可以除去

夫爲妻族妻爲夫族服加降論

釋曰禮云男子事妻之父母惟服緦麻而女子三從注云在家從父出嫁從夫夫亡從子以夫爲天此風化之始人倫之自續祖繼體禮莫重焉故降本族惟輕夫族惟重以父之服服舅斬衰三年以母之服服姑齊衰三年示民無二尊也

苴枲二麻有子無子釋疑

苴麻

釋曰玉篇枲注有子曰苴無子曰枲監韻九魚苴注有子之麻温公書儀文公家禮喪守舉要皆云苴麻有子禮記云苴麻之有蕡音費唐本草注䕨即蕡也苴麻子中亦間有繁蕡如枲之實者謂蕡也

爾雅云莩麻母注苴麻盛子者廣韻七志莩注麻母又苴麻成子者

白虎通云苴麻有蚺連根者大觀經史本草內麻蕡音墳麻子

圖諸各公二十餘家註麻花色白味苦爲藥麻蕡一名麻勃麻花上勃勃生者注實也味辛平有毒七月七日採良爲藥又供蔬食麻子味甘

平無毒九月布採爲藥

毛詩九月菽(豆也)苴(注麻子農家常食也) 俗云雌麻生子九月收名曰寒麻子可以爲種麻樹連根起來水浸取皮愚案本草注蔡古今農家種麻法早春種者謂春麻四五月收其麻短細皮薄晚春種者謂夏麻五六月收其麻長大皮壯切詳五等喪服謂如斬衰十分齊衰九分大功七分小功五分緦麻三分漸漸減輕以别親疏之義蓋聖人用此連根帶子惡色之老麻立名曰苴以爲頭等斬衰之服可見父喪之至重也

枲麻

釋曰詳注韻實押韻攔江網皆云(枲麻有子者) 廣韻六止枲(注有子曰枲無子曰苴) 宋五服勑疏禮部五服義解皆云(枲麻有子) 爾雅云枲麻(注別二名) 又蕡枲實(注蕡與蕡同出本草) 玉篇蕡監韻廣韻八未蕡(皆注枲實) 白虎通云(枲麻有實者) 毛詩云桃之夭夭有蕡其實(注蕡實即實也 麻蕡即知有實也非花也麻亦花而後有實也)

晦庵詩傳（注：蕡者實之盛也）大觀經史本草註（枲麻者牡麻也）周禮典枲職疏（注按喪服傳云牡麻者枲麻也則枲是雄麻）俗云雄麻不生子却開花開了結做勃蕾頭名曰花麻是也愚詳聖人用此結實之麄麻立名曰枲以爲第二等齊衰之重服是故斬衰之服終服三年而齊衰之服則有三年期年五月三月之限故從輕也盖枲麻比之苴麻先收兩月不甚麄也温公書儀注云古禮五服皆用布由此言之則春麻可爲緦麻之服長麻可爲大小功之服如此五服兼備可謂聖人窮究精深矣孝子必當遵而爲之以盡事親之終可也

晦庵喪服制度（死之第四日成服）

斬衰 斬不緝也衣服皆用極麄生布旁及下際皆不緝也裳前三幅後四幅縫內向前後不連每幅作三輒輒謂屈其兩邊相著而空其中也衣長過腰足以掩裳上際縫外向背有負版用布方尺八寸綴於領下垂之前當心有衰用布長六寸廣四寸綴於左衿之前左右有辟領各用布方八寸屈其兩頭相著爲廣四寸綴於領下在負版兩旁各攙負版一寸兩腋下有衽各用布三尺五寸上下各留

一尺正方一尺之外上於左旁裁入六寸下於右旁裁入六寸便於盡處相望斜裁却以兩方左右相沓綴於衣兩旁垂之向下狀如燕尾以掩裳旁際也冠比衣裳用布稍細紙糊為材廣三寸長足跨頂前後裏以布三輒皆向右縱縫之用麻繩一條從額上約之至頂後交過前各至耳結之以為武屈冠兩頭入武內向外反屈之縫於武武之餘繩垂下為纓結於頤下首絰以有子麻為之其圍九寸麻本在左從額前向右圍從頂過後以其末加於本上又以繩為纓以固之如冠之制腰絰大七寸有餘兩股相交兩頭結之各存麻本散垂三尺其交結處兩旁各綴細繩繫之絞帶用有子麻繩一條大半腰絰中屈之為兩股各一尺餘乃合之其大如絰圍腰從左過後至前乃以其右端穿兩股間而反插於右在絰之下苴杖用竹高齊心本在下屨亦粗麻為之婦人則用極粗生布為大袖長裙蓋頭皆不緝布頭䯻竹釵麻屨衆妾則以背子代大袖

齊衰

齊緝也其衣裳冠制並如斬衰但用次等粗生布緝其旁及下際冠以布為武及纓首絰以無子麻為之大七寸餘麻本在右末繫本下布纓腰絰大五寸餘帶以布為之而屈其右端尺餘杖以桐為之上圓下方婦人服同斬衰但用布次等為異後皆放此

大功

服制同上但用稍粗熟布無負版衰辟領首絰五寸餘腰絰四寸餘

小功

服制同上但用稍熟細布冠左縫首絰四寸餘腰絰三寸餘

緦麻傳云有事其縷無事其布曰緦服制同上但用極細熟布首絰三寸腰絰二寸並用熟麻纓亦如之

釋曰伏覩通例延祐二年八月禮部呈㕘詳方今喪服未有定制除蒙古色目各從本俗其餘依鄉俗以麻布為之外據江淮習俗比依公服製造如准御史臺所呈禁治相應又皇慶二年十月

中書省

奏准科舉事內節該四書五經以程子朱晦庵註解為主欽此朱文公家禮所載前項喪服皆案古宜今當世士夫家多遵此而為之惟下俚之人或不能備此衰裳之制俗作粗布寬袖襴衫布頭巾然絰帶故不可闕蓋禮之不下庶人故也夫禮寧可使之厚由其自為之薄不可教之以薄也此子思所謂有其禮有其財無其時君子弗行者也

立嫡法此章緊關成服故服後載

釋曰禮云若嫡子亡不立嫡孫立同母弟者謂之仲子舍

嫡孫立有子者非也大傳云謂嫡長有疾不可便廢須令承嫡長之子祭之刑統議曰依令嫡妻之長子爲嫡王公侯伯子男皆子孫承嫡者襲若無嫡子及有罪疾立嫡孫無嫡孫以次立嫡子同母弟無母弟立庶子無庶子立嫡孫同母弟無母弟立庶孫曾玄孫以下准此若不依此令文即是以嫡爲庶以庶爲嫡是各違法無後者國除

父母喪三日卧茅蓋苫枕塊

釋曰禮云卧茅有刃蓋苫有芒土塹音漸枕頭使孝子卧不安席枕不完穩無寢而思父母也

三日而虞于音

釋曰謂備孝子不虞也禮云既父母喪孝子不食而踴哭謂跳也擗音闢謂搥胸也號慟謂大哭至三日親友而勸令食不食而餒死三年之內無人奉孝也孔子曰教民無以死傷生故也又禮云安虞兆而祭之虞是虞祭也庶人三日不

問吉凶而出喪三日安牀坐靈所設祭祀又云天子有九虞諸侯有七虞大夫有五虞士有三虞庶人有一虞是虞祭之也

卒哭

釋曰父母喪百日內哭無常處亦無時旣百日之外止淂於靈席前卯哭爲臨酉哭爲晡故曰卒哭若百日外哭於非常之處亦非禮也禮云王公以下謂五等諸侯皆得三月而葬葬者藏也欲令人不得見之又云葬而虞三虞而卒哭卒者終也虞者祭之禮也謂葬後奠于墓左日有一祭三祭卒哭謂百日後一逢莭序吉祭之也

小祥

釋曰禮云十三月爲小祥漸經二年之慶祥者吉也三禮喪服云小祥後早晚晡臨去其首經而哭

大祥

釋曰禮云二十五月爲大祥漸經三年之慶大吉也三禮
喪服云大祥除靈座設几席去衰裳腰經杖而服禫服白
氏六帖云奠筵將徹幃帳一收

禫祭 䜺音

釋曰禮云自大祥後孝子祿禫之服禫祭兩月謂早晚孝
子喫食處祭畢然後孝子食鄭玄曰禫之言澹澹然平安
意也

不數閏月 大功以下皆數閏

釋曰周禮歲令云閏者歲之餘日也三年一閏五年再閏
注云假令子年閏十二月其父母却在前十二月初三日
殁不筭閏月至寅年十二月初三日止二十四月爲二周
交卯年正月初三日才二十五月其年又閏正月再不筭
閏至三月初三日恰二十七月謂之酉年之内兩經閏月
不筭故不數閏也

踰月之吉

釋曰禮云晦至朔爲踰月也踰者過也謂已過二十七月日下零落日也注云假令正月一日大祥至三月一日祥禫兩月已滿至月盡無餘日也逾過四月一日方宜聽樂從吉若是三月三十日制滿既無餘日即是四月一日爲吉故曰踰月從吉

喪服制終

釋曰周喪制以死比生而定二十七月注云假令子年十二月三日生交丑年正月一日稱二歲至十二月三日始周又交寅年正月一日爲三歲至十二月三日是二周實二十五箇月稱三歲也假如子年十二月三日死交丑年正月一日是經一年至十二月三日初周已及十三箇月爲小祥又交寅年正月一日經三年至十二月三日是二周實二十五箇月爲大祥禫祭兩月故二十七月謂之制

終外兩經閏月不數又逾月從吉通三十月唐服制云漢
以十箇月爲一年終是已經三年孔聖云喪不過三年也

申心喪

子爲父卒親母再醮人　子爲親母被父離棄
出繼子爲本生父母　子爲生已庶母
弟子爲受業之師
釋曰禮云心喪二十五月戚容如喪父母恩愛成已故也
法云中心憂隱著服不敢當違也若是律稱申心喪議申
呈者則當達者故令通達上下著其心服於正服母則無
相妨所以稱申其心喪禮云事親有隱而無犯注隱者恐傷親
意犯者不犯顏而諫左右就養扶持之謂無方無一定之方服勤至
死勤勞事父致喪三年致哀三年事君有犯而無隱盡情而諫
無有所隱左右就養左右不得逾越有方有一定之方服勤至死
勤勞事君方喪三年方猶比也比父母喪也事師無犯無隱盡情以

諫其言微婉左右就養無方如父母皆無方服勤至死勤勞事師心

喪三年哀戚而無服

三殤服

釋曰禮云男女未成人而亡哀憐其幼小謂之殤年十九歲至十六歲爲長殤十五歲至十二歲爲中殤十一歲至八歲爲下殤生三日至七歲爲無服之殤哭之以日易月本服期者哭之十三日大功九日小功五日緦麻三日生未三月者則不哭如此之義謂三殤之服若依户令男年十五歲女年十三歲聽嫁娶

服有四等

正服

釋曰謂正先祖之體本族之正如子爲父服斬衰三年爲母服齊衰三年正禮當服之服故曰正服

加服

釋曰謂如孫本服期而嫡孫承祖後重加之斬衰三年故
曰加服
降服
釋曰謂如子爲母本服齊衰三年因母被出或改嫁止服
期故曰降服
義服
釋曰謂如壻服緦麻爲妻服期之類元非本族因義共處
故曰義服
無服袒但音免問音親
釋曰律云雖袒免不得成婚鄭玄云謂無服親友喪已殯
入棺袒者謂袒右臂免者謂赤布纏頭而弔至殯所酹酒
澆酹及送喪孝家備生絹或生布纏頭而送故曰無服袒
免親禮云袒謂不服布而常服免謂布幘帽之狀又禮云
三世袒免之親殺四世緦麻之親刑統議曰高祖親兄弟

曾祖堂兄弟祖再從兄弟父三從兄弟身四從兄弟三從姪再從姪孫並緦麻絶服之外即是袒免既同五代之祖服制尚異外人故嘗爲袒免親之妻不合復相嫁娶舅甥妻更相嫁娶其夫尊卑有服小功之親多是本族其外姻小功者唯有外祖父母

雞籠圖源

釋曰禮制云元康二年西漢宣帝登石渠閣集群臣講論喪服帝問曰古宗枝圖列九族世俗難曉諫大夫王章奏曰臣詳古之法律其間敘是王言事穿通俗似非精議不克備知臣觀廣雅云昔曰巴蜀有味朔上音朱下音視二姓之家養雞之始甚衆大高三尺名曰鵾音昆雞自一至九取陽極之數每種雞雛名曰蜀子雛音餘各籠罩養大小不相烏雜臣今嘗以雞籠爲圖曉之于世奏畢即劃其圖帝曰朕見之奯音豁如也故以禮制書中有此圖也

外族母黨服紀

釋曰禮云上則母之父母謂之外祖父母中則母之兄弟曰舅姊妹曰姨正服小功非爲輕也而論恩立制崇敬尊愛之道特隆於期親尊長故舅姨喪甥服同下則舅姨之子皆緦麻此服及三世比妻黨雖重本族則輕不如是無以見天倫之大也謂如親母死於室雖有繼母惟親母之父母舅姨有服若親母犯七出其親母之黨無服則後娶繼母之父母舅姨有服及妾之子於嫡夫人在盖爲尊壓則爲嫡夫人之黨有服如嫡夫人亡惟生母身者却有服

服源

釋曰尚書云舜相堯二十有八載帝乃殂落百姓如喪考妣三載四海遏密八音月正元日舜格于文祖孟子曰堯崩三年之喪畢舜避堯之子於南河之南天下諸侯朝覲及訟獄謳歌者不之堯之子而之舜然後之中國踐天子

位焉廣記録云許愼注淮南子曰五服之等原于夏備于商周其許愼者字叔重後漢人博學經籍撰五經異義時人曰五經無雙許叔重又淮南子者姓劉名安前漢人封爲淮南王爲人好書效知招致賓客方術之士數千人作内書二十一篇外書甚衆又中篇八卷言神仙黄白之術亦二十餘萬言前漢孝武帝甚尊重之夏帝禹姒姓顓頊高陽氏之孫鯀之子與其相益刱五服之原流于商高宗居喪恭默思道三年不言至周文王姬姓高辛氏之後號爲西伯能修后稷公劉古公之業發政施仁脩德行孝爲世子時衣冠而朝於父王季問安日三其子武王帥而行之不敢有加焉成王嗣立周公輔政制禮作樂象天地人天有五氣温凉寒燥濕地有五行金木水火土人有五常仁義禮智信禮有五經吉凶賓軍嘉故制喪服亦以五等謂斬衰齊衰大功小功緦麻喪限謂三年期年九月五月

三月又爲宗枝九族及母黨妻屬諸圖謂如喪制以生比死而定二十七月周之服制歷三王而始備矣

族從親直解

釋曰族曾祖祖父姑曾祖之兄弟姊妹也從祖祖父姑祖之兄弟姊妹也族祖祖父姑祖之同堂兄弟姊妹也伯叔父姑父之兄弟姊妹也從祖父姑父之同堂兄弟姊妹也族父姑父之再從兄弟姊妹也兄弟姊妹已之同氣也從父兄弟姊妹乃同堂兄弟姊妹也從祖兄弟姊妹乃再從兄弟姊妹也族兄弟姊妹乃三從兄弟姊妹也四從則祖免之親禮云君子之澤五世而斬此之謂也夫禮自一至三三而成五五而成九九族敦睦之序也

十二種兄弟分四等之服

三種不杖期

嫡親兄弟爲已與其同父母生謂之同氣兄弟

同父異母兄弟爲其與已是親母或繼母庶母所生

母雖曰異終同一父皆謂親兄弟

過房兄弟爲父未生已而先立同宗之子或過房乞

養義男或先生已稚小不克任事而父

又立別子謂之義兄弟與親兄弟同

三種大功

從父兄弟爲其父與父合祖所生是親兄弟俗稱已

與其爲叔伯兄弟又謂同堂兄弟

外繼兄弟爲父生子二人內兄或弟過房與人爲嗣

雖曰外繼同宗或異姓終同父母所生

嫡親兄弟

出家兄弟爲已之親兄弟爲僧若道雖曰僧俗不相

干終一父母同氣所生其孝義則一也

二種小功

從祖兄弟爲其之父與己之父同曾祖之孫是同堂兄弟比己之從父兄弟稍遠一重又謂之再從兄弟

同母異父兄弟爲父生己其母被出或父卒母再醮人而生之子雖曰同母終各一父

四種緦麻

族兄弟爲其乃族曾祖之曾孫族祖之孫族父之子與己是族中之兄弟合高祖五世之親又謂之三從兄弟

內兄弟爲母之兄弟謂舅其子與己是內兄弟

外兄弟爲父之姊妹謂姑其子與己是外兄弟俗云姑表

從母兄弟爲母之姊妹謂姨其子與己兩姨兄弟

釋曰禮云凡子外繼女子出嫁皆降本服一等愚按古書而編一十二種兄弟斬衰以下分四等喪服往復皆同論

僧五服圖載俗兄弟亦報大功切詳聖人著書立言以其親疏輕重分降殺定服而品節立教垂訓蓋使人知其親之高下而遠近耶故九族之服重至斬衰輕至緦麻四時之禮備矣天地之義盡矣若姊妹在室與兄弟服同

追服從服

釋曰禮云父母喪亡其子遠官或商或客而在外方聞喪即時舉哀喪制以聞喪日爲始服二十七月謂之追服法曰稱大功以上親亡者日月雖過並令追服小功以下親亡者日月雖過更不追服稱三年喪匿不舉哀者流二千里期年者徒一年大功者杖九十小功者杖七十緦麻者杖五十又禮云父亡子服斬衰三年其皁隷等皆從主父之重服其媵婢等從主母亦如之謂之從服

五種之夫

釋曰依禮三月廟見晦庵云今以太遠改用三日古禮筵

賓今不能然擇朋友賢而有禮者或其父自主之告禮見祠堂章祝版但云某之子某之婦某氏敢見餘同子冠之儀有未廟見或就婚等三種之夫謂已見或已締親未廟見或已就婚並同夫法其有克吉日及定婚夫等二種之夫謂已定婚或已應日未締姻唯不得違約改嫁自餘相犯並同凡人

律家人共犯例

釋曰刑統議曰家人共犯者謂祖父母伯叔子孫弟姪共犯准同居尊長獨坐卑幼無罪刑統議曰家人不限良賤但一家之人相冒而度者杖八十既無各字被冒名者無罪若冒度私度越度事由家長處分家長雖不行亦獨坐家長此是家人共犯止坐尊長之例文稱婦犯夫及義絕者得以子蔭明夫犯婦亦取子蔭可知矣

服義

六父十二母漢制開圖在前

三父八母唐制

三父

同居繼父齊衰不杖期　不同居繼父齊衰三月

從繼母嫁繼父齊衰杖期

八母

嫡母齊衰三年　繼母齊衰三年

慈母齊衰三年　養母齊衰三年

嫁母齊衰杖期　出母齊衰杖期

乳母緦麻三月　庶母緦麻三月

四父六母宋制

四父

繼父同居兩無大功之親義服期年　繼父同居兩有大功之親義服三月

繼父先同後異居義服三月　繼父不同居無服

六母

嫡母　繼母

慈母　養母

乳母　庶母

釋曰三年之喪自堯舜始五服至周而備焉歷代相承然其沿少而亂多猶有増損而愛益致服隆殺而不一甚失先聖制禮之初意惟漢遵周之道而定父母之服未嘗更張大槩聖人制禮作樂垂訓後世庶宣教化正人倫使知恩義之重輕有尊卑之禮節以厚風俗欲其不致有犯王法故也夫刑重則人命輕則皆鞭戰戰兢兢如臨深淵如履薄冰其此之謂乎故斷者不可復續死者不可復生也愚按經傳編備服書匪特喪服之禮所用但關親者户婚田宅刑名立子定孫依服制而分嫡庶義拆家財并妻産必以是書照依新降通制而參決蓋無服不能正其刑也

可以息其私爭明其公論看善君子伏望詳而詧之

禮制

禮當丁憂

三年服

親父母　養父母

嫡母　繼母

慈母　嫡孫爲祖父 謂父先喪故代服

嫡孫爲祖母 謂父及祖父皆先亡故服

庶母生己 謂己不爲父後又無嫡母故加服

期服 心喪三年

本生父母 謂己過房與人爲後　嫁母　出母 父喪制終

禮不丁憂 願者聽

期服 心喪三年

嫁母 謂生己後父喪而嫁父制未終

出母 謂生己後被父離棄父在及己爲父後

嫡繼慈養四母 改嫁 祖父母 謂父卒

嫡孫爲祖母 謂祖父在 服衰

三月服 心喪三年 心喪

庶母生己 謂己爲父後或嫡母在故降緦麻

釋曰夫禮者百王之所由始然造端乎夫婦察乎天地故有夫婦然後有父子有父子然後有君臣有君臣然後有上下有上下然後禮義有所錯聖人因之取則天地象法四時緣情制禮以定服紀然後人倫敦序尊卑嚴正禮失則齊之以刑矣夫古禮解官秖令丁憂同也三年之喪古今通制凡在任官吏父母喪亡制令丁憂而父母之服亦有隆殺假令子外繼及親母被出或改嫁皆降一等又如嫡孫爲祖父謂父先喪則加一等切觀通制爲歙縣吏余英祖不丁本生父憂攘役者致訟部擬依舊例丁憂期年

仕從官吏應丁憂者爲覩
聖朝喪服未有定制含祿匿而不行庶幾致訟而不絕深負
聖朝以孝治天下之意而況父母高尊而義重昊天罔極之恩縱
服有降其願丁憂者尤見孝心豈不聞古有屋于廬墓守
孝數年者何哉蓋其孝心之不盡切思無以報也

並喪之服

釋曰禮云有父之喪如未没喪而母死其除父之喪也服
其除服卒事反喪服注云没猶竟也除服謂祥祭之服也卒事既祭反喪死者之服
雖諸父昆弟之喪如當父母之喪其除諸父昆弟之喪也
皆服其除喪之服卒事反喪服注云雖有親之大喪猶爲輕服者骨肉之恩也唯君之喪不除私服言當者期大功之喪終始皆在三年之中小功緦麻則不除殤乃除如三年之
喪則既穎其練祥皆行注云言今之服穎乃爲前三年者變除而祭也此主謂先有父母之服今又喪長子者其先有長子之服今又喪父母其禮亦然然則未没喪者已練祥矣穎口迎反莘也無葛之絰主麻則用穎王父死未練祥而孫又死猶是附於王父也注云

未練祥嫌未祫祭序於昭穆亦王父既附則孫可附焉猶由同附祔同祫音洽有殯聞外喪哭之

他室。曾子問曰並喪何先何後。孔子曰葬先輕而後重其

奠也先重而後輕禮也。自啓及葬不奠虞也先重而後

輕禮也。卒哭百日祭也復問相識有喪服可以與於祭乎。已有喪服可以助相識者祭否子曰緦不祭又何助於人。

婚喪之禮

釋曰曾子問曰已納幣有吉日女之[illegible]死如之何子曰

壻使人弔。如壻之父母死則女之家亦使人弔。父喪稱父

母喪稱母。父母不在則稱伯父世母。無則叔父母也壻已葬壻之

伯父致命女氏曰某之子有父母之喪不得嗣為兄弟使

某致命。女氏許諾而弗敢嫁禮也。壻免喪女之父母使人

請壻弗取而后嫁之禮也。請成婚女之父母死壻亦如之。

問親迎女在塗而壻之父母死如之何。子曰女改服布深

衣縞總以趨喪。布深衣縞總乃婦人始喪未成服之服也女在塗而女之父母

八八

殯，則女反。（齊衰服朞）如壻親迎，女未至，而有齊衰大功之喪，則如之何？子曰：男不入，改服於外次；女入，改服於內次，然後即位而哭。（不聞喪即改服者，婚禮重於齊衰以下。）又問：除喪則不復婚禮乎？（復，猶償也。償音尚）子曰：祭過時不祭，禮也，又何反於初？又問：女未廟見而死，則如之何？子曰：不遷於祖，不祔於皇姑，壻不杖不次，歸葬於女氏之黨，示未成婦也。（遷，朝廟也。壻雖不備喪禮，猶為服齊衰也。）又問：娶女有吉日而女死，如之何？子曰：壻齊衰而弔，既葬而除之。夫死亦如之。（女服斬衰）曾子子游[illegible]之如此之急乎。子曰：夫禮者，天下之大道也。詩云：相鼠有體（禮也），人而無禮，人而無禮，胡不遄死。

嫡庶義子之圖

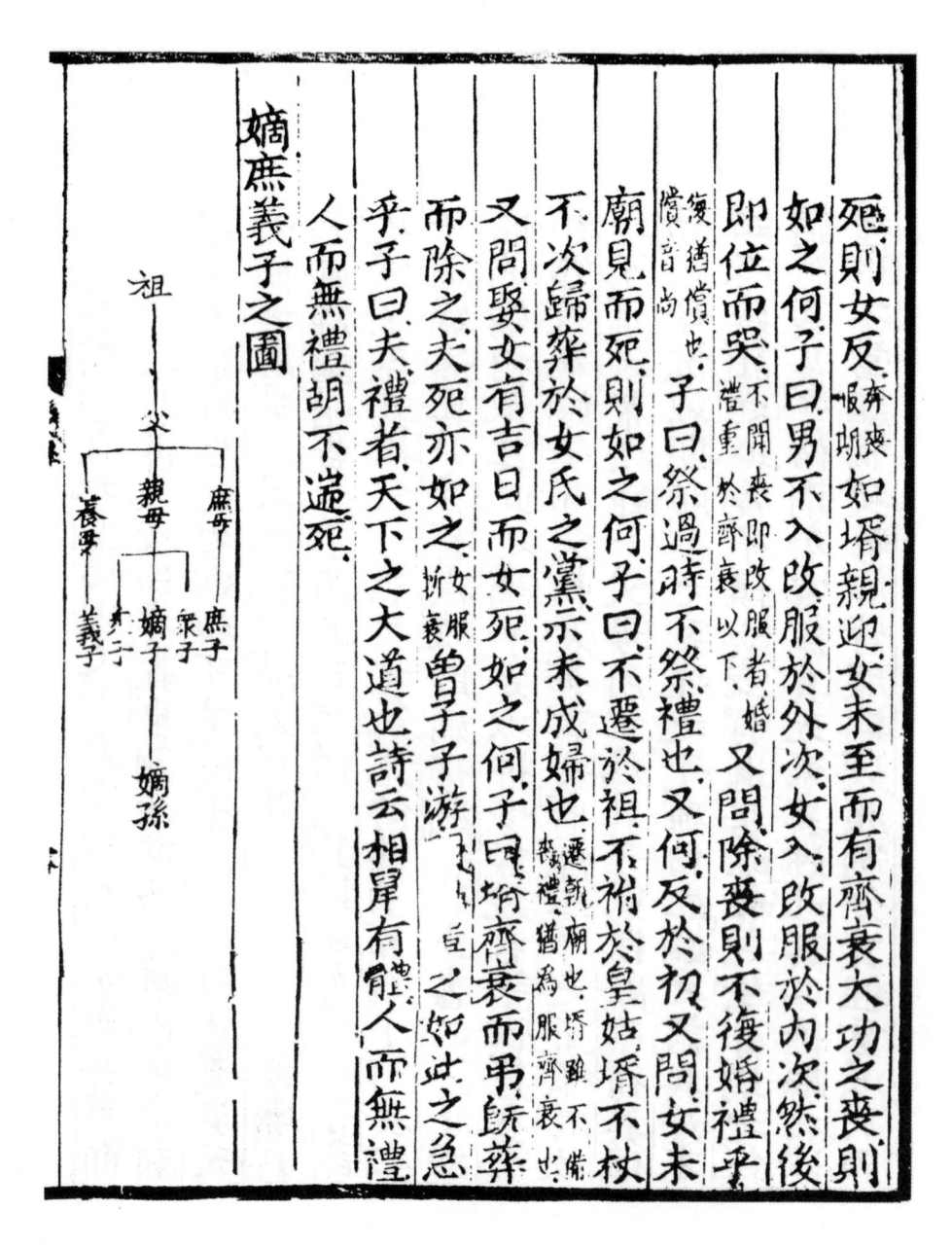

釋曰夫喪制者先聖始因人心天理相違故品節立教而
定五等之服俾人咸知孝義垂訓後世[illegible]無窮凡宗廟
之禮不祭外族祀之則魂不至神不[illegible]祖父者昊天
罔極之恩昊天者元氣之廣大也凡[illegible]家廟其
夫婦拜謁明告之于祖上古之禮也其始嫁[illegible]長子謂
之嫡子蓋其祖父一點之元氣竟傳其裔而嫡子[illegible]之
子謂嫡孫其父若有疾故即嫡孫爲[illegible]主書曰[illegible]繼
體嫡嫡相承其此之謂乎是以神像容貌言語性慧多有
相類故爲嫡子而父斬衰母齊衰皆服三年之重服其次
之子謂之衆子雖一父母所生爲其元氣散亂不得其嫡
而父母惟以期服士之妾產之子雖曰生嫡之前其母來
由本賤謂之庶長子（注：庶衆也）或有過房[illegible]之子蓋嫡之先
謂之義長子俗謂牽窠爲其元來異姓此其二子論之法
禮俱不當爲嫡父母亦皆服期故服制分其輕重以別親

疏之義也縱父愛惡偏私將所重傳於非嫡者
不可得而改也自周以來王公侯伯子男皆以子孫
者襲按古謂之立嫡法也昔魯公儀仲子以嫡子喪
舍嫡孫而立嫡子同母弟檀弓ㄦ譯姓以人為弟子子游問諸孔
子子曰否立孫

吊死不慰生

釋曰春秋云周景王十四年時晉平公諱彪卒太子諱夷
立為昭公諸侯大夫詣晉邑葬平公葬訖因欲請見
新君魯大夫穆公子曰見視新君非　大夫叔向
辭曰君在斬衰之中若吉服見則喪禮未畢
如何果如穆公之言

五服圖解終

龔端禮五服圖解一卷見諸讀書敏
求記其述古堂書目以為元板此冊
即遵王舊藏也因墨漱紙渝損而
重裝復以襯帋副其四圍不能覩
舊時面目矣裝成并記
嘉慶丁卯除夕前四日復翁

U0457520